평양과 강남

-남한 자유주의와 북한 사회주의의 비교융합발전론-

남한 자유주의와 북한 사회주의의
비교융합발전론

평양과 강남

Pyongyang and Gangnam

김 정 훈

도서출판 대영문화사

차 례

프롤로그

구글 위성으로 북한의 평양을 검색하다가 흥미로운 지명을 발견했다. "어, 여기도 강남이 있네!" 평양을 가로지르는 대동강 남동쪽과 고속도로 사이에 분명 강남이라는 지명이 있었다. 자세히 보니 평양직할시 강남군(江南郡)과 강남읍(江南邑)이었다. 마치 서울의 경부고속도로가 시작되는 한강 남동쪽 방면에 서울특별시 강남구가 있는 것과 부척이나 비슷해서 DMZ를 사이에 두고 양쪽에 쌍둥이를 보는 듯했다. 물론 위성지도로 좀 더 자세히 확대해 보니 평양의 강남과 서울의 강남은 확연히 달랐다. 북한의 강남은 텅 비어 있고 남한의 강남은 수많은 건물로 가득 차 있었기 때문이다. 자연 환경과 지명은 비슷했지만 모습은 완전히 다른 이란성 쌍둥이처럼 한쪽은 농경지, 또 다른 쪽은 화려한 빌딩 숲이었다.

서울의 강남 모습을 평양에서 비슷하게 찾아볼 수 있는 곳은 평양의 강남이 아니라 오히려 평양의 강북, 만수대였다. 북한 권력은 대부분 평양에 있다고 한다. 그렇지만 좀 더 정확하게 표현한다면 평양 성곽의 내성에 위치한 만수대 주변에서 북한의 권력이 나온다고 하는 표현이 맞을 것이다. 평양의 특권층 가운데에서도 선택된 자만이 만수대 고층 아파트에 살 수 있고, 만수대 거리 주변에는 만수대 의사당을 비롯한 장대한 건물들을 만나볼 수 있는 진풍경이 있다. 그래서 생각해 보았다. 분단 70년을 전후로 평양 강남과 서울 강남은 참으로 다른데 과연 그 차이는 어디에서 시작된 것일까? 아마도 연세가 좀 있는 분들이라면 1970년대 서울 강남을 지금도 꽤나 선명하게 기억할 것이다. 당시에는 강남이란 지명도 없어서 '영등포(永登浦)의 동(東)쪽'이란 의미로 영동(永東)지구라고 지칭되었는데 매일 수많은 대형 덤프트럭이 뒤엉켜서 모래밭과 논밭을 메우는 모습이 일상이었다. 그렇지만 불과 10년 만에 서울 강남은 탁 트인 넓은 격자 도로와 88서울올림픽 경기장, 그리고 대형 건물과 아파트촌으로 차 오르기 시작했다. 또 다른 10년이 지나면 강남 아파트들이 며칠 사이에 수천만 원씩 가격 폭등하다가 한순간에 반값 아파트로 추락했던 1997년의 경제위기 상황도 겪게 된다. 심각했던 외환위기를 견뎌 낸 강남은 불과 30년 만에 버려진 땅에서 돈이 가장 많이 모이는 곳이 되었고, 2010년대부터는 수많은 성형외과가 즐비한 곳이 되었으며 한류 문화의 생산 기지가 되었다. 서울의 강남은 이렇게 빛의 속도로 변화를 겪었다. 그렇지만 서울의 강남과는 대조적으로 평양의 강남은 한적한 농촌 그대로 지난 수십 년 동안 거의 변한 것이 없었다.

백여 년 전까지 한양성곽 내부의 구중궁궐 경복궁에 살고 있었던 조선 시대의 왕은 현재 대한민국에 더 이상 존재하지 않는다. 경복궁은 조선 왕이 기거했던 유적지이고 그것은 과거일 뿐이다. 모든 것이 변한 것이다. 물론 지금도 경복궁 위쪽 인왕산 아래에 청와대가 있어 권력의 핵심이 있다고 하지만 이젠 5년을 주기로 그 주인이 바뀌고 있을 뿐이다. 그러나 평양은 어떠한가? 평양성의 깊숙한 만수대에는 새롭게 왕이 등장했다. 해방 이후 오늘까지도 북조선의 제왕은 3대를 이어 집권하면서 그 권력이 만수대 주변에서 추호의 흔들림도 없다. 이와 같은 대목에서 만수대와 강남을 비교해 보았다. 만수대는 국가 권력 또는 공공 부문(public sector)을 상징하는 아이콘으로 비유될 수 있다. 왕이 사라진 서울의 경복궁은 유물이 되었지만 평양의 만수대는 왕이 존재하고 과거의 조선 왕보다 더 강력한 국가 권력을 독점적으로 소유하고 있다. 만수대는 이처럼 국가와 정부의 강력한 권력을 상징한다. 평양의 만수대에 비하면 서울의 강남은 어디에 비유될 수 있을까? 강남은 만수대와 확연히 다른, 시장 부문(market sector)으로 비유될 수 있다 역사적으로 시장의 활동이 거의 없었던 조선 시대, 남산을 넘어 한강을 건너면 오늘날의 강남땅이 나타났지만 당시의 강남은 홍수 때마다 지형이 바뀌는 버려진 곳이었다. 조선 시대는 제대로 된 시장, 이른바 강남이란 버려진 존재에 불과했다. 그러나 제2차 세계대전 이후, 남한에 세워진 새로운 대한민국 안에서 시민들은 6·25전쟁의 고통과 최악의 경제 상황에도 이를 악물고 시장 경제의 치열함을 배웠다. 그리고 버려져 있던 한강의 남쪽을 시장의 시각에서 다시 응시했으며, 불과 30년 사이에 강남 개발을 가능하게 했다.

이와 같은 시각에서 만수대와 강남을 바라보자. 공공 부문의 상징(만수대)과 시장 부문의 상징(강남)을 비교하는 것이다. 사회주의의 핵심과 자유주의의 핵심을 만수대와 강남이라는 실체에서 파헤쳐 보자는 것이다. 사실 만수대라는 국가 또는 정부의 공권력은 서울과 평양 양쪽에 모두 존재한다. 서로 비슷한 장단점도 갖고 있다. 오히려 국가 권력 측면에서만 본다면 북한의 만수대가 남한의 만수대보다 더 큰 효과를 보인 측면도 있다. 그러나 북한에는 제대로 된 시장 기능이 거의 없다. 평양의 시장은 너무도 취약하고 무기력하다. 평양에는 만수대만 있을 뿐 강남이 없다. 정부는 있어도 시장이 없다는 것이다. 물론 강남이라는 시장적 아이콘이 만병통치약이 된다는 것은 아니다. 그래도 북한의 경우는 너무 심했다. 제대로 된 시장 경제가 없다면 그것은 과거 봉건 시대의 조선 사회와 크게 다를 바 없기 때문이다. 이는 발전이 아니라 후퇴이며 문제의 해결이 아니라 문제의 원인일 수 있다. 역사의 발전 과정에서 조선이라는 봉건국가는 붕괴되었다. 20세기의 대한민국은 자유주의적 시장과 기업, 개인의 역할을 중시하는 단계를 밟았다. 그리고 이제 21세기의 대한민국은 한 차원 더 높은 그 다음 단계를 고민하지 않으면 안 될 시점이다. 자연스럽게 강남과 만수대, 즉 시장과 정부의 문제점을 뛰어넘어 새로운 혁신을 이끌 방향 제시가 필요한 시점이라는 것이다.

물론 남한은 시장을 통해 많은 것을 얻었다고 하지만 이제는 그 시장의 한계점에 직면해 있음을 고백하지 않을 수 없다. 국민소득 3만 달러 시대라 해도 남한의 대다수 노인은 빈곤하고, 청년의 꿈은 사라졌으며, OECD 국가들 가운데 가장 높은 자살률과 이혼율로 남한은 우울하다. 활기찬 미래를 잃어버린 것 같은 참담함이 있다. 이대로 가면 대한민국은 아이가 사라지고 인구가 줄어서 국가가 소멸될지도 모른다는 두려움도 있다. 강남의 한계 상황, 시장의 활력이 약화되면서 남한 사회는 새로운 돌파구를 찾아야 한다는 절박함이 있다. 상대적 차이가 있겠지만 북한에게 그 상황은 더욱더 절실할 것이다. 북한은 만수대라는 국가 권력적 역할을 통해 1950년 한국전쟁과 1980년대까지의 계획경제 속에서 많은 것을 이루었겠지만 이제는 핵무기와 미사일 이외에 더 이상 얻을 것이 없다. 소련제국이 해체되고 탈이념의 세계화가 진행되면서 북한이 고립된 체제 속에서 생존을 향한 극한 투쟁을 이어나가는 것도 이제는 한계 상황이다. 이와 같은 와중에 주변 정세는 급변했다. 분단 70년을 겪으면서 한민족이 서로를 향해 총을 겨누는 사이, 21세기 동북아시아는 세계의 공장이 되었고, 세계의 돈이 몰리는 지역이 되었으며, 세계에서 가장 경쟁이 치열한 지역으로 변모하고 있다. 그 양쪽 끝에는 중국과 일본이 뜨겁게 경쟁하고 있으며, 태평양을 사이에 두고 미국은 중국과 일본을 저울질하고 있다. 이제 중국과 일본의 틈바구니에서 한민족은 분명히 변해야 할 텐데 아직도 방향을 정확히 잡지 못하고 있는 안타까움이 있다. 아마도 똑똑한 남북한의 정부와 시장 그리고 시민들도 그 심각성을 더 잘 알고 고뇌하고 있을 것이다. 그래서 제언하게 되었다. "두들겨 보자, 남북한의 새로운 가능성을 향해……." 지금까지도 공백으로 남아 있는 평양의 강남이라는 새로운 시장적 가능성에 남북한이 함께 관심을 깃자고 제언하는 것이다. 마치 비려졌던 서울의 강남을 30년 만에 화려하게 변화시켰던 것처럼 이제 평양의 시장 경제, 평양의 강남을 한 차원 높게 발전시켜 보자는 것이다.

어찌 보면 한민족에게 남북 분단은 치명적 상처이고 비극이었다. 그러나 이제는 그 이념적 상처를 디딤돌 삼아 새롭게 변화해야 할 시점이다. 전 세계의 도움으로 생존한 한민족은 이제 전 세계를 향해 새로운 희망을 제시해야 한다. 자유주의와 사회주의의 극단적 이데올로기 갈등에서 비롯된 두려움과 공포를 이제는 벗어 던져야 한다. 마치 16세기 스페인의 무적함대 침공 앞에서 공포에 떨던 약소국 영국이 미래를 향한 용기를 담대하게 선택한 순간, 새로운 17세기 산업혁명을 시작할 수 있었던 것에 견주어 본다. 이제 남한과 북한은 서로에 대한 불신과 공포심을 벗어 던지고 남한의 자유주의와 북한의 사회주의를 새롭게 융합할 용기를 선택해야 한다. 아메리카와 함께 눈높이를 맞추고, 아시아의 이웃을 좋은 친구삼아 유라시아와 아프리카의 모든 청년에게 새로운 희망을 전달할 수 있어야 한다. 빈곤과 전쟁으로 얼룩진 전 세계의 젊은이들에게 새로운 기회와 번영을 제시할 새로운 패러다임을 제공해야 한다. 20세기의 이념적 모순을 치열하게 경험했던 한반도에서 21세기의 새로운 세상 문을 여는 흥미진진한 여정에 우리의 독자들도 함께 동참할 것을 제안해 본다.

2015년 새해를 맞으며
북한산 연구실에서
김정훈

제 1 장

왜 평양과 강남인가?

인천아시안게임 폐막식을 몇 시간 앞둔 2014년 10월 4일 오전, 북한의 최고위급 3인방이 갑작스럽게 인천을 방문했다. 황병서 인민군 총정치국장, 최룡해 노동당 비서, 김양건 당 통일전선부장 겸 대남담당 비서가 그들이다. 일단 방한을 허락했지만 너무 갑작스럽게 북한의 최고 권력 실세 세 명이 함께 찾아와서인지 그 배경과 의도에 대해 한국 정부는 당황스러울 수밖에 없었다. 약 3일이 지나면서 남한 사회는 북한 만수대에서 나온 급작스럽고 획기적인 정책 결정을 조금이나마 이해하기 시작했다. 조용한 아침의 나라, 은둔의 나라, 그러나 핵무기를 보유한 북조선 절대군주가 지닌 막강한 권력에 대한 충격이었을 것이다. 북한의 권력 체제에 대한 남한 대중의 생소함에서 비롯된 사안이지만 과거 조선 시대의 강력한 왕정 시대를 돌이켜보면 그리 놀라운 일도 아니다.

1. 평양의 만수대

개인적으로 만나본다면, 북한 사람들은 매우 우수하고 유능하며 부지런하다. 그렇지만 북한은 세계에서 가장 빈곤한 국가로 분류된다. 아프리카 최빈국 가운데 하나인 모잠비크(인구 2천만 명) 수준이다. 한때 일본 다음으로 아시아 제2위의 공업 국가였던 북한이 아프리카 모잠비크 수준으로 경제가 몰락한 것은 이상할 정도이다. 그렇다면 북한 경제의 핵심을 찾아 문제점을 발견하고 치료하기 위해서는 어느 곳을 보아야 할 것인가? 그곳은 바로 북한 속의 평양이며 평양 가운데서도 모든 정치 권력과 경제적 판단력이 분출되는 만수대일 것이다. 또한 만수대 속에 은둔해 있는 북한 지도자를 이해하지 못한다면 황병서, 최룡해, 김양건을 남한의 체육경기장에서 예상치 않게 만나볼 수 있다는 사실도 이해하기 힘들 것이다.

한반도에 있고 같은 한국어를 쓰며 살아가는 남한 사람들에게도 한반도 북쪽, 평양의 만수대는 여전히 낯선 곳이다. 세계적 투자자인 로저스(Jim Rogers)는 우스갯소리로 1950년 맥아더 장군의 평양 입성 이후 최근까지 평양에 들어간 미국인은 300명도 안 될 것이라고 했다. 같은 기간 남한에게도 평양은 깜깜한 은둔에 싸여 있었다. 남한의 유명 검색창에서도 평양 지도를 찾으면 DMZ를 넘는 순간 회색 처리되어 서비스가 안 되거나 희미하게 보일 뿐이다. 북한이 만든 유명 홈페이지에 접근하려면 국내에서는 포르노와 같이 유해 사이트로 분류되어 접근이 되지 않는다. 오히려 미국의 검색창 구글 위성을 통해 평양의 상공을 다녀볼 수 있고, 북한 관련 최근 소식은 공중파보다는 종편 프로그램을 통해 용이하게 접할 수 있다. 대체 북한의 평양과 평양 속 만수대는 어떤 곳일까?

역사책에서 배웠듯이 평양은 고구려의 수도였다. 고려와 조선에서도 개성이나 서울 못지않은 중요 도시였으며, 분단 이후 북한의 수도가 되었다. 그렇지만 그 이후 평양은 남한 사람들에게 생소한 곳이 되

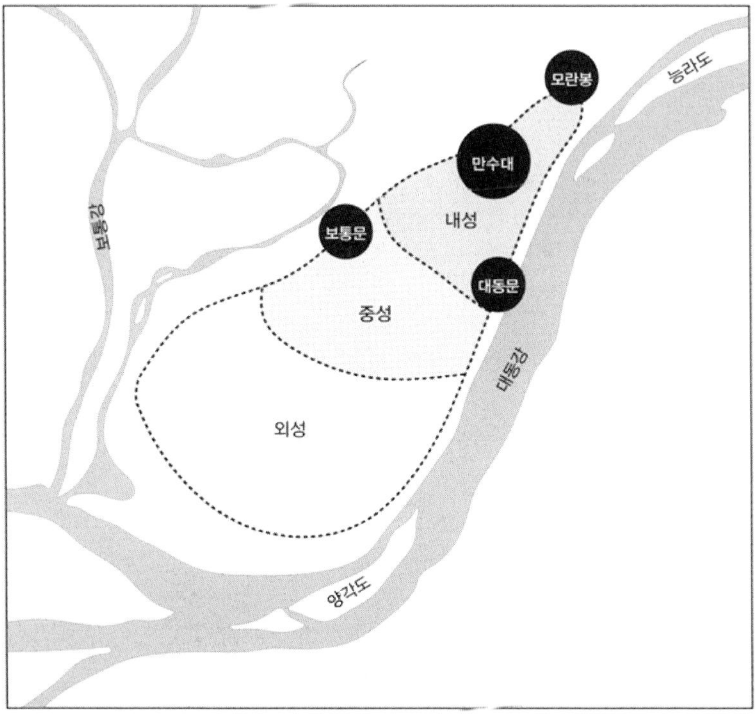

평양성의 위치도

어 버렸다. 일단 평양은 북한 정부의 직할시로서 행정구역 조정이 빈번했지만 인구 250만 명, 2,629평방킬로미터 면적으로 상당히 넓은 편이다. 서울과 비교할 때, 인구는 1/4이지만 면적은 약 4배에 달하므로 평양의 평균 인구밀도는 서울의 1/16인 셈이다(서울은 면적 605평방킬로미터에 인구 1천만 명이 살고 있음). 평양직할시의 중심은 1500년 전에 건설된 고구려의 평양성 가운데 내성과 중성 지역인 대동강과 보통강의 사이에 위치한 중(中)구역에 밀집되어 있고 그 면적은 약 16평방킬로미터 정도이다.[1] 중구역의 인구는 12만 명 정도밖에 안 되지만 북한 최고의 엘리트들이 거주하고 있으며 핵심적 권력기관들도 집중되어 있기 때문에 사실상 평양 속의 진짜 평양은 중구역인 셈이다. 고구려가 지안(集安, 輯安)에서 평양으로 수도를 옮기면서 서기 562년에 평양성을 완공했다고 하는데 당시의 성곽과 현재의 평양 중심은 거의 일치한다. 평양을 흐르는 큰 강인 대동강과 조금 작은 강인 보통강의 줄기를 따라 형성된 연장 길이 약 15킬로미터의 견고한 평양성은 북한의 국보문화유물 제1호로 지정되어 있으며, 서울의 동대문과 남대문처럼 평양성의 서쪽에는 보통문, 동쪽에는 대동문이 있다.

한편 평양성의 내성은 바로 만수대가 자리 잡고 있는 지역이다. 서울의 네 배만한 넓은 면적의 평양이지만 그 안에 평양성의 중구역이 있고, 그 속에 있는 만수대거리 주변은 면적이 불과 4평방킬로미터 정

1) 처음에 평양의 중구역이라고 해서 중구라는 이름의 지하철역인 것으로 착각할 수 있는데 평양 도심의 중심 구역이라는 의미이다. 중구역 주변에는 대동강구역, 대성구역, 동대원구역, 락랑구역, 력포구역, 룡성구역, 만경대구역, 모란봉구역, 보통강구역, 사동구역, 서성구역, 삼석구역, 선교구역, 순안구역, 은정구역, 평천구역, 형제산구역이 있다. 이렇게 평양의 도심지역은 구역으로 분류되어 있고 그 외곽에는 대부분 농촌 지역이 분포되어 있는데 대동강 하류의 동남쪽으로 강남군이 위치해 있다.

평양 속의 평양, 중(中)구역 속의 만수대 지역

도지만 평양 속의 노른자위 핵(核)이다. 이곳은 북한의 심장이고 그 심장 속 가장 중요한 내실이라고 표현해도 지나치지 않다. 해발 고도 84미터의 만수대 언덕 옆에는 김일성/김정일의 거대한 동상이 세워져 있고 그 아래쪽으로 길을 따라 걸어 내려오면 곧 만수대 의사당을 만나게 된다. 그리고 그 앞에 서면 보통문에서 대동강의 옥류교(玉流橋) 입구까지 약 1킬로미터 정도의 만수대거리를 만날 수 있다. 만수대거리 주변에는 45층짜리 고층 아파트와 함께 인민극장, 아동백화점과 같은 각종 편의시설과 잘 가꾸어진 학당골 분수공원이 있고, 그 주변에는 화려하게 장식된 지하철 승리역이 있다. 가히 만수대거리는 북한 수도 평양의 중심지 가운데 권력과 돈이 가장 집중되어 있는 곳이라고 하겠다.

2. 평양의 장성택 소용돌이

평양의 만수대가 싸이의 〈강남스타일〉보다 더 뜨겁게 전 세계 보도 매체를 달군 시기는 2013년 12월 겨울이었다. 장성택 사건으로 평양의 만수대 언덕은 피바람이 몰아쳤고, 매 시간별 상황들이 실시간으로 전 세계에 공개되었기 때문이다. 유례를 찾아보기 어려운 북한 권력 핵심 내부의 만수대 숙청사건이고, 그토록 폐쇄적인 북한에서 전 세계 방송을 향해 권력 2인자에 대한 처형 과정을 자세히 공개한 것도 매우 이례적이어서 북한 보도 열기는 세계적으로 뜨거웠다. 평양의 최고 권력자들이 살고 있는 만수대 지역 출신들조차 북한이 왜 이렇게 은밀하게 처리할 문제를 전 세계에 알리고 공개했는지 이유를 몰랐을 것이다. 그러나 베일에 싸인 그 내막을 들쳐보면 여기에는 북한의 경제와 돈 문제뿐만 아니라 국제적 역학 관계가 복합적으로 얽혀 있음을 감지할 수 있다. 여러 정황 속에서 우리가 대략적으로 알고 있는 것보다 훨씬 더 중요한 그 무엇이 평양에 숨겨져 있으며, 그것은 평양의 지정학적 중요성에서부터 비롯된다. 사실 평양은 어떤 측면에서 보면 서울보다 더 중요한 동북아시아의 지정학적 핵심지(核心地) 위치에 있다. 물론 한반도에서 보면 서울과 개성이 중요한 위치이지만 동북아시아로 시야를 넓히면 평양의 위치가 더욱 중요하기 때문이다.

역사적으로 동북아시아에서 어떤 새로운 강력한 세력이 패권국가로 등극하려 할 때, 평양에 대한 영향력을 확보하는 것은 필요 조건으로 작용했다. 이와 관련해 중국의 권력 엘리트들이 평양에 대해 갖고 있는 생각은 상당히 흥미롭다. 예부터 중국인은 자신들의 국토 지형을 닭에 비유하는 경우가 많았는데 닭의 부위별 특징에 따라서 중국인은 중국의 경제와 정치를 이해하는 부분이 크다. 우선 닭의 몸통에 비유되는 남중국은 비옥하고 광활한 농업 지역으로 중국의 경제를 좌지우지한다고 보았다. 상하이(上海) 지역이 대표적이다. 이에 비해 닭의 머리에 비유되는 북쪽은 발해만 인근의 평양 북부에서 만주 지역을 가리키는데 중국의 정치를 뒤집어 놓을 수 있는 닭 모가지에 해당하는 곳이라고 보았다.

간략히 연대표를 보아도 평양과 그 북부 지역의 세력 변동은 중국 왕조들의 흥망과 긴밀하게 연결되어 있음을 발견할 수 있다. 기원전 고조선과 진-한 관계에서부터 고구려와 수(6세기), 고구려와 당(7세기), 신라와 당(8세기), 발해와 당(9세기), 발해와 거란(10세기), 고려와 거란(11세기), 고려와 금(12세기), 고려와 원(13세기), 고려와 명(14세기), 조선과 명(15세기), 왜와 명(16세기), 조선과 청(17세기)에 이르기까지 평양은 동북아시아의 패권 투쟁 장소로 각인되어 있다. 더욱이 20세기를 전후로 발생한 청일전쟁(19세기)과 러일전쟁(20세기)에서 일본이 평양 지역을 차지하는 순간, 일본은 만주와 중국 일대를 거쳐 동아시아의 패권국가로 등극한 경험이 있으며, 반대로 패배자 청과 러시아는 몰락한 사실이 있다.

이와 같은 역사적 경험과 사실은 최근까지도 유효하다. 1950년 한국전쟁 당시 중공군이 개입한 것은 필연적이었기 때문이다. 1949년 공

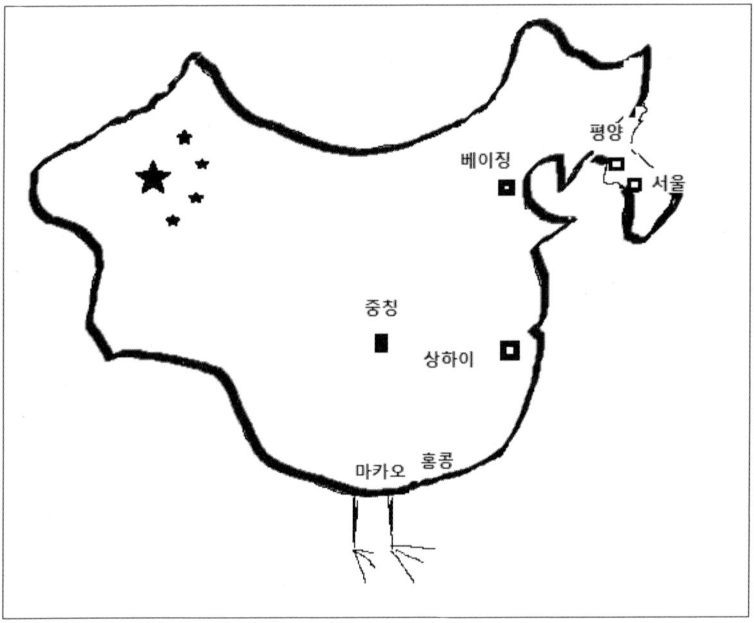

중국의 닭 모양 지도와 한반도

산정부를 수립한 중공군이 불과 1년 만에 미국과의 응전을 각오해야 했음에도 평양을 내주지 않기 위해 한국전쟁에 뛰어든 것은 중국의 공산혁명을 지키기 위한 고육지책(苦肉之策)이었다. 철저히 중국의 국익에 따른 것이지 감상적으로 중국과 북한의 공산혁명에 대한 친밀성 때문이 아니었다. 이런 시각에서 본다면 2013년 2월 제3차 북한의 핵실험 이후 동북아시아에 긴장이 고조되고, 미국과 일본에 의해 중국의 안보까지 위협받는 상황이 연출되면서 중국과 북한의 관계도 요동치는 부분이 있었다. 중국의 시진핑(習近平) 정부는 북한의 김정은 정부가 중국의 국가 안보에 도움이 되는 것보다 오히려 중국 안보에 위험을 초래할 수도 있다는 가능성에 주목했다. 이런 상황을 역사적 경험에 비추어본다면 중국은 북한 정부를 바꿔서 친(親)중국적 순종적 정부로 교체하려는 의도를 충분히 가질 수 있는 상황이고, 그 가능성을 배제할 수 없는 상황이 곳곳에서 발견되었다.

우선 중국의 입장에서 북한의 김정은 정부는 중국의 국익을 해칠 수 있다는 시각이 공공연히 피력된 바 있다. 2013년 봄, 중국 공산당 왕자루이(王家瑞) 대외연락부장은 빈번하게 김정은 정부에 대한 불만과 반감을 표시했다. 2013년 5월 급작스럽게 김정은 정부의 특사로 파견된 최룡해가 가까스로 만났던 시진핑, 그러나 그 면담 이후에도 북한과 중국의 껄끄러운 관계는 나아지지 않았다. 이 때 중국은 최종적으로 김정은보다 친중국적 성향이 강한 장성택이 더 바람직하다는 판단을 내부적으로 했을 수 있다. 만약 그 판단이 중국 국익에 부합된다고 정책 결정을 하면 과연 어떤 일들이 일어날 수 있을까. 북한의 김정은 정부는 중국에 의해 위기에 직면할 수 있고, 그런 위기적 상황이 일어날 작은 물밑 변화가 조금이라도 탐지되었다면 관련 조치는 분명하고도 신속할 수밖에 없다. 장성택 본인의 직접적 연관성 및 사실 여부를 떠나서 친중국적 권력 2인자의 존재는 김정은 정부에 가장 위험한 사안이고, 이를 사전 예방적으로 막기 위해 장성택에 대한 긴급 체포와 즉각 처형은 불가피했다.

처형 직후, 노동신문과 조선중앙통신을 통해 상세히 공개한 장성택 처형 이유는 북한과 중국의 관계를 의아하게 볼 정도로 우회적으로 중국을 겨냥해 비판한 첨예하고 분노에 찬 내용으로 가득하다. 그동안 보았던 북한과 중국의 혈맹 관계가 하루아침에 원수 관계로 바뀐 것 같아 보였다. 복잡한 퍼즐게임의 찾기 어려운 조각 사이로 각각의 상황들이 지닌 행간의 의미를 찬찬히 투영해 본다면 이런 해석도 가능할 것이다. 중국의 국가 이익과 북한의 존엄 사이에 복잡 미묘하게 흐르는 국제 관계의 소용돌이가 장성택을 중심으로 얽히면서 평양 만수대에서는 장성택에 대한 공개적 숙청을 통해 국제 사회에 북한의 분노를 표출한 것일 수 있다. 이것은 또한 폐쇄되었던 평양의 만수대가 국제 사회를 향해 개방과 소통의 목마름을 호소한 대목이기도 하다.

3. 평양에도 강남이 있다

장성택 사건의 소용돌이가 휘몰아쳤던 평양의 중심지 만수대에서 남쪽으로 좀 내려가면 조용하고 한적한 곳에 평양의 강남이 있다. 대동강의 남동쪽에 위치한 평양직할시 강남군(江南郡)이 그곳인데 면적은 160평방킬로미터이고 대부분의 주민은 강남읍에 거주하고 있으며 인구는 약 7만 명이다. 개발이 막 시작되기 직전의 1970년대 서울의 강남 지역과 비슷한 모습을 보이고 있는 곳이다. 오늘날에는 서울의 강남, 이렇게 말하면 행정구역상 강남 3구(강남구, 서초구, 송파구)를 지칭하고, 한강 건너편의 남쪽(반포에서 잠실)을 가리킨다. 꽤 넓은 지역 같지만 강남 3구의 총면적은 전체를 모두 합쳐도 120.3평방킬로미터 밖에 되지 않기 때문에 평양의 강남보다 40평방킬로미터 정도 좁다. 그러나 불과 30년 만에 강남 3구의 인구 수는 167만 명으로 폭증해 평양의 강남보다 23배가 넘는 양적인 규모 확대를 보였다. 더욱 큰 차이는 질적인 경제 규모의 확대에 있다. 서울의 강남 3구 경제 규모는 같은 기간 동안 평양의 강남 경제 규모보다 무려 360배 이상 증가한 것으로 추정된다. 과연 어떻게 이런 일이 일어날 수 있었을까?

사실 남한의 경제가 북한보다 앞선다고 분명히 말할 수 있게 된 것은 1990년대 들어서면서부터이다. 1945년 분단 이후 약 70년 가까운 시간이 경과되었지만 중공업이 강했던 북한의 제조업을 한국이 따라가기 힘들었고, 1970년대 초까지도 한국의 경제는 북한의 경제보다 분명 뒤져 있었다. 1980년대로 진입해서야 남북한의 경제는 비슷해졌고, 1987년 이후 민주화 과정을 성공적으로 거치면서 동시에 서울올림픽 개최를 계기로 세계화와 개방화가 본격적으로 진행되었고, 1997년의 경제위기를 극복하면서 남한은 북한의 경제를 압도하기 시작했다. 2000년대부터는 경제 문제와 관련해 더 이상 남북한을 비교하는 것은 무의미해졌다. 남한은 급속히 성장했고, 북한은 후퇴했기 때문이다. 남한은 자유로워졌고 세계적으로 개방화된 지역이 되었지만 북한은 더욱 폐쇄되고 궁핍해졌다. 더욱이 소련의 해체와 동구권의 개방화, 그리고 중국의 변화는 북한으로 하여금 경제적 측면뿐만 아니라 정치적 측면에서도 커다란 딜레마에 빠지게 했다. 북한을 지키려는 내부적 노력은 사회를 더욱 경직시키고 각 개인의 자율성은 제한되었으며 국가는 핵무기 개발에 생존을 맡길 수밖에 없었다.

한편 1960년대 말까지도 서울의 강남은 거의 버려져 있던 백사장과 강의 진흙 및 토사가 퇴적되어 있던 곳이었다. 큰 홍수가 있으면 침수되었다가 비가 멈추면 다시 농경지로 사용되던 그런 곳이었다. 그래서 인구 수는 불과 몇만 명 수준에 불과했고 변변한 지명도 없었다. 이런 이유에서 1960년대의 서울 강남에는 정확한 지명을 붙이기 힘들었고 개발을 시작하는 과정에서 사람들은 이곳을 영등포(永登浦)의 동(東)쪽이란 의미로 영동(永東)지구라고 했다. 그런 서울의 영동지구 강남이 평양의 만수대와 비교되는 것을 보면 참으로 신기하다는 생각도 든다. 서울의 경제와 돈 문제를 흔드는 강남은 불과 30년 사이에 새로운 역사를 쓰고 있는 신흥 지역이다. 개발 이전에는 알려진 지명도 없었던 모래사장과 논밭 그리고 진흙벌이었던 내팽겨진 땅이었기 때문이다. 그렇지만 평양의 경제와 돈 문제를 흔드는 만수대는 수천 년의 오랜 역사를 지니고 있다. 역사의 두께로 본다면 서울의 사대문 안 경복궁과 평양의 만수대를 비교하는 것이 맞을 것이다. 그러나 서울의 경복궁은 과거 조선의 역사를 담고 있는 왕권국가의 유물일 뿐, 밤이 되면 스산하기까지 한 장소이다. 궁궐의 입장료 수입으로는 궁궐 관리를 위한 인건비도 충당하기 어렵다. 그래서 경복궁은 국민이 낸 세금으로 보존되는 문화재이고 밤이 되면 사람이 살지 않는 오래된 유적지일 뿐이다. 그러나 평양의 만수대는 유적이 아니다. 살아 있는 북한의 모든 최고 권력이 만수대에서 나오고 그 만수대거리 좌우에 돈이 몰리면서 북한의 어제가 결정되었고 오늘이 결정되며 내일도 결정될 것이다. 이렇게 서울의 강남, 평양의 만수대는 외관상 매우 다르며 서로 대비를 이루고 있다. 그런데 바로 이토록 극명하게 대비되는 강남과 만수대를 한 자리에 놓고 비교해 보면 흥미로운 조합이 만들어진다. 그것은 서울의 강남과 북한의 만수대 사이에 남한과 북한, 자유주의와 사회주의의 비교론적 접근 속에서 한반도의 융합적 발전 가능성을 모색하는 변곡점을 찾을 수 있기 때문이다.

제2장

유행 1번지, 강남과 만수대

서울의 강남과 평양의 만수대는 남한과 북한에서 경제와 돈뿐만 아니라 유행을 만들어 내는 곳이다. 젊은이들이 말하는 정말 '핫(hot)'한 곳이다. 이곳에서 누군가 입고 다니던 옷과 가방은 어느새 서울과 평양으로 번져 나가고 곧이어 나라 전체로 확산된다. 강남의 멋쟁이는 서울의 패션을 선도하고 아시아의 유행에도 일조하고 있다. 경제적으로 어렵다고 해도 평양의 만수대를 지나가는 젊은이들에게서는 개방된 어느 나라 못지않은 세련됨이 돋보인다.

1. 강남과 만수대

강남과 만수대는 남북한의 대표적 부촌이라는 공통점을 갖고 있으며 남북한의 경제와 돈 문제를 압축적으로 조망하기에 가장 좋은 출발점이다. 그런데 서울의 강남에는 자본주의 요소가 짙게 드리워져 있고, 평양의 만수대에는 사회주의적 요소가 절대적이다. 우연한 기회에서 비롯되었지만 아시아 외환위기 직전에 미국의 동부 보스턴 지역 케임브리지 시에 있던 어느 대학연구소에서 미국 자본주의와 소련 공산주의의 속살을 볼 수 있던 뜻깊은 시간을 가질 수 있었다. 미국 정부의 지원으로 제3세계 관료들과 해체된 구 소련 지역 출신의 연구자들 그리고 몇몇 아시아 지역 교수들이 참여한 연구 및 교육 프로그램이었다. 당시 30대 중반이었는데 그 대학연구소는 50대 중반이 되어서 당신이 무엇을 해야 할 것인가를 알려 주었던 일종의 과제물 제목을 필자에게 제시했던 곳이다. 죽기 전에 해야 할 연구 과제물, 이른바 버킷 리스트(bucket list)를 전달받은 곳이다.[1] 그렇지만 당시에는 그 연구

1) 공산주의 폐쇄 체제에서 이제 막 자유주의적 개방 체제로 전환된 구소련 지역의 러시아, 우크라이나 출신 연구자들이 미국의 대학연구소에 파견 나와 있었고 그들이 공동 작업하고 있었다. 잘 가르쳐 주지도 않았지만 대체 뭘 하는데 그렇게 열심히 하고 있는지 궁금해서 어깨너머로 공산권 국가들의 자료들을 보았다. 인도네시아 출신의 똘똘한 예비 박사과정 조교가 넌지시 암시를 주었던 것 같다. 그 자료들은 과거 소련 지역 국가들의 지역별 토지 용도를 각 특성에 따라서 분류하고 세분화하는 동시에 기준이 될 표준 토지를 선별해 그것의 가치를 평가, 이를 근거로 전국 단위 토지의 화폐적 가치를 전산 처리하는 작업이었다. 미국보다 영토가 훨씬 더 넓은 구소련 지역 국토에 대한 토지감정평가 작업을 미국의 대학연구소에서 분석하는 과정이었다. 그리고 깜짝 놀랐다. 연구의 수준과 규모에서도 놀랐지만 국가 체제의 전환은 이렇게 시작하는 것인가에 대한 막연한 이해와 깨달음 같은 것에서였다. 그리고 왜 미국 정부가 이 연구소에 그토록 많은 연구비를 지급해야 하는가에 대해서도 고개가 끄떡여졌다. 지금과 비교하면 아주 낮은 수준이었겠지만 당시로서는 의도치 않게 매우 높은 수준의 체제 전환국들에 대한 토지 전산화 작업을 훔쳐본 셈이 되었다. 그 엄청나고 방대한 작업 규모에서 놀랐지만 나를 더욱 경악하게 했던 것은 왜

소가 하는 작업이 국가의 체제 전환 과정에서 얼마나 중요한 일인가를 정확히 이해하지 못했다.

무심히 20년 정도를 잊고 살다가 50대에 들어서서 불현듯 자본주의와 공산주의에 대한 마르크스(Karl Marx)의 주장을 다시금 찾아볼 시간이 있었다. 이른바 젊은 마르크스가 1848년 공산당혁명선언을 외쳤던 그 책자를 다시 보게 된 것이다. 마르크스는 놀랍도록 열정적으로 자본주의를 칭송하면서도 그것의 모순을 조목조목 지적했고, 그 때문에 공산주의적 혁명이 불가피함을 외쳤다. 그런데 그렇게 진보적이었던 그의 주장 가운데 상당 부분이 어느새 현대 자유주의 국가의 시각에서 보편적으로 시행되는 적극적 복지성책들과 크게 다르지 않음을 보았다. 그래서 자유주의의 출발점을 열었다라고 할 17세기 로크(John Locke)의 주장을 또다시 재음미했다. 흥미로운 것은 로크의 자유주의와 마르크스의 사회주의가 오늘날 그 근본에서 큰 차이가 없다는 것이었다. 그렇지만 현실적으로 로크와 마르크스의 주장을 공고히 한 이데올로기적 차이 속에서 한민족은 민족을 분단시키고 서로를 향해 총을 겨누고 있다는 사실을 부정할 수 없었다. 순간 뇌리를 스치는 것이 있었다. 20년 전의 미국 대학연구소에서 구소련 지역의 국가 토지를 화폐적 가치로 평가해 시장재로 전환시키는 작업이 생생하게 떠올랐다.

그런 작업을 해야 하는가에 있었다. 미국의 대학연구소에서 러시아와 우크라이나 전문가들과 공동 작업한 것은 무소유의 공산국가였던 국가의 토지를 소유와 거래가 가능한 자본재로 전환시키기 위한 작업이었고 이를 위해 미국 정부의 지원 하에 미국 대학연구소가 그 엄청난 미국의 세금을 쓰고 있었다는 것이다. 놀람 다음에는 의문이 들었다. 왜 미국 정부가 미국인들의 세금을 지불해 가면서 구소련 지역의 토지를 감정 평가하고 화폐 가치로 수치화하는 것일까? 어쨌든 연구 과제가 갖는 주제의 충격뿐만 아니라 당시로서는 그것을 왜 해야 하는지, 왜 미국이 체제 전환국의 토지 선산화 작업을 도와 주는가에 대해 충분히 납득하지 못했다.

"전략무기감축협정(START)을 맺고 핵무기를 자발적으로 폐기하면서 핵탄두를 평화적 용도로 전환하는 것보다 더 중요한 무엇이 국가의 토지를 시장의 자본재로 전환하는 것이다"라는 생각이 든 것이다. 소련의 국가 토지를 화폐적 가치로 전환하고 거래가 가능한 자본재로 만드는 것은 시장경제의 기본이고 새롭게 출범한 러시아의 경제와 돈 문제를 해결하기 위한 첫 번째 작업이라는 판단이 체득된 것이다. 마치 20년 동안 묵은 먼지 쌓인 과제물의 주제를 이제야 납득한 것처럼 '유레카'(아하!)를 조용히 외쳤다. 그렇다면 남한은 북한에 과연 이와 같은 연구와 지원을 한 적이 있을까? 북한이 핵무기를 포기하지 않으면 남북 사이에 대화는 없다고 하는 것보다 어쩌면 더 중요한 것이 있을 터인데…… 남북한 모두 이것을 간과하고 있는 것은 아닐까라고 반문한 것이다. 남한은 북한에 대해 무엇을 얼마나 알고 있으며, 북한의 개혁과 개방을 위해 무엇을 얼마나 도왔고, 또한 도울 준비를 하고 있는가에 대한 질문이 계속 용솟음쳤다. 강남과 만수대를 비교하는 이유는 바로 이와 같은 질문 가운데 하나를 답하기 위함이다. 이른바 강남에는 자유주의적 속성, 그리고 만수대에는 사회주의적 속성이 강하게 스며들어 있고, 그 속에서 새로운 융합적 방식으로 혁신적 DNA를 만들어 낼 수 있다고 판단했다. 강남과 만수대는 새로운 남북한의 혁신 DNA를 생성시키는 데 필요한 원재료라는 것이다.

2. 서울 만수대의 문제점

공간적으로 만수대는 평양에 있지만 만수대가 지니고 있는 권력적 독점성과 폐쇄성은 남한의 서울에서도 발견할 수 있다. 다시 언급하겠지만 만수대의 문제점은 공공조직의 특권적 지위에서 비롯되며 문제가 있어도 그것을 수정하지 않고 방치되는 것에 심각성이 있다. 공공부문이 지닌 분명한 가치에도 불구하고 지속적인 자기 검증과 혁신이 이루어지지 않을 경우, 제1의 만수대, 제2의 만수대가 세워질 수 있기 때문이다. 이른바 공공 부문이 민주적 시민사회에 득이 되지 않고 해가 되는 경우가 많이 있다. 특히 2014년 대한민국을 강타한 세월호사건의 충격은 남한 사회의 구석구석에 얼마나 많은 만수대가 세워져 있는가를 확인시키는 계기를 제공했다. 관피아, 법피아, 심지어 해피아에 이르기까지 사회의 구석구석에 자신들의 이익과 세력을 보호하기 위한 독점적 조직들이 기승을 부리고 있음이 적나라하게 드러난 것이다. 누구를 위한 정부이고 누구를 위한 공공조직인가를 망각한 채, 공공조직이 물에 빠진 어린 학생들을 앞에다 두고 의도적으로 구조를 늦추기까지 했다. 자신들의 사적 이익과 결탁한 특정 구난업체에 이권을 챙겨 주느라 해상구조의 골든 타임을 놓친 결과는 극도로 참혹했다. 정부 전체를 위태롭게 할 정도였다. 또한 해양 안전을 위해 수백억 원의 혈세가 투입된 각종 첨단장비는 사고 당시 무용지물로 판명되었지만 누군가와 어떻게 결탁되어 해피아의 만수대가 생겼는지 여전히 오리무중이다. 제대로 책임지는 정부의 모습은 보이지 않은 채 서로 당신의 책임, 다른 조직의 과실이라고 외칠 뿐이다. 정부 권력의 독점성과 폐쇄성에 기초한 잘못을 통칭해서 만수대의 한계점, 만수대의 문제점이라고 할 때, 남한에도 그러한 만수대는 이곳저곳에 너무도 많이 자리 잡고 있다.

그러나 비슷한 시기, 세월호사건 직후에 벌어진 충격적인 윤이병 살해사건에서 군부대의 폐쇄적이고 수정하기 어려운 문제를 용감하게 막아선 이름 모를 병사의 역할도 있었음이 과소 평가되어서는 안 된다. 아쉽게도 그들이 한 역할을 쉽게 망각하고 있지만 군대의 만수대를 허무는 용기 있는 병사들의 역할은 민주사회를 건전하게 유지시킬 수 있는 힘이었다. 고립된 전방부대에서 발생한 사건, 대다수의 관계자가 가해자였고 그래서 단순 질식사고로 은폐될 뻔했던 살인사건에 대해 불이익이 발생할 수도 있지만 용기 있게 증언했던 이름 모를 젊은 병사와 그를 도운 관계자들의 역할은 대단한 것이었다. 돌이켜보면 남한의 30년 군사정권을 종식시키는 데 학생 고문 살해사건을 용기 있게 증언했던 평범한 이름 모를 의사의 역할이 없었다면 어찌 되었을까. 거짓된 사건의 진실을 밝혀 내었던 언론인들의 치열한 직업 의식이 없었다면 우리는 수많은 만수대의 허실 속에서 살아가는 영혼 없는 존재에 불과했을 것이다. 용감한 시민 영웅들이 대한민국에 있었기에 그나마 우리는 빠른 경제 성장과 건전한 민주사회를 형성할 수 있었고 그 자유와 풍요로움을 누릴 수 있다고 생각한다.

한반도 분단 70주년이라는 현 시점은 대한민국 시민들에게 남한뿐만 아니라 북한에 대해서도 적극적인 관심을 갖도록 요구하고 있다. 미래 역사의 어느 날 북한의 여건이 올바르게 성숙되었을 때 우리는 용기있게 북한의 발전 방안을 구체적으로 제시해야 하기 때문이다. 그리고 그 과정에서 제시할 첫 번째 구체적 사례는 체코공화국의 1990년대 국가혁신 작업이라고 할 것이다.[2)]

---

2) 이전에 발트3국 가운데 하나인 에스토니아의 수도 탈린을 방문하면서 과거 공산권 국가들의 변화를 인상 깊게 보았던 기억이 있다. 그렇지만 탈린의 경험은 프라하의 그것과는 차원이 달랐다. 중부 유럽의 심장, 프라하에는 북한의 만수대와 비슷한 꽤 높은 언덕이 있었는데 지금은 없어졌지만 한때 여기에 세워졌던 거대한 스탈린 동상은 프라하 전 도시를 한눈에 내려다볼 수 있었다. 블타바(Vltava)강에서 체후프(Čechův) 다리를 건너면 세계

소련이 세운 거대한 스탈린 조형물을 철거한 후 세운 프라하 메트로놈3)

체코공화국은 정치 체제의 변화 과정에서 러시아, 중국과 매우 달랐다. 프라하는 모스크바와 베이징(北京)과 전혀 다른 모습으로 혁신했기 때문이다. 사실 러시아는 공산국가에서 자본국가로 전환되었지만 근본적으로 민주국가라고 하기에는 아직도 부족한 부분이 많다. 소수의 특권층 공산당 간부들이 새로운 체제에서 소수의 자본가로 전환한 것에 불과했기 때문이다. 이와 같은 부분에서는 중국도 러시아와 큰 차이가 없었다. 일전에 중국 공산당의 싱크탱크이며 최고 사상교육기

에서 가장 큰 규모의 스탈린 석조물이 있었고 스탈린은 그 거대한 조각이 완성되기 직전 공교롭게도 사망했다고 한다. 그런데 묘하게도 평양과 프라하는 공통된 이야기로 겹쳐지는 부분이 많았다. 그것은 대동강에서 옥류교를 건너면 나타나는 만수대 언덕의 거대한 김일성 동상의 모습을 비슷하게 연상시킨다. 평양과 프라하 모두 스탈린이 직접 설계하고 건설한 권위적 공산국가의 수도였고 스탈린적 유물이 가장 강하게 배어 있던 도시였기 때문이다. 그러나 1989년 이후 프라하와 평양은 완전히 달라졌다. 프라하의 언덕에는 거대한 스탈린 석조물 대신 프라하 메트로놈(Prague Metronome)이 세워져 좌와 우로 계속 움직이고, 스탈린 석조물 아래쪽에 있었던 과거의 김일성거리는 세계적인 명품을 파는 서울의 청담동거리와 같은 곳으로 변화했다.

3) 유럽에서 가장 거대하게 세워졌던 프라하 언덕 위 스탈린 석조물은 이미 사라졌지만, 과연 그곳에 무엇을 세울 것인가를 프라하 시민들은 오랜 기간 고민했다고 한다. 그리고 시민들은 스탈린의 빈 자리에 좌와 우 어느 쪽으로도 치우치지 않는 대형 메트로놈을 세움으로써 시간과 이데올로기의 박자를 맞추려고 노력하고 있음을 상징적으로 보여 주었다.

관인 공산당 당교(黨校)에서 그곳 교수들과 토론을 벌인 적이 있었다. 그들은 대단히 우월적 지위에 있는 엘리트적 사고로 민중을 이끌어 가야 한다는 사명감에 가득 차 있었다. 또한 그들은 민주주의보다는 유교주의적 보수주의로 회귀하려는 생각을 강하게 비쳤다. 국가 권력이 국민에 앞선다는 의식이 강했으며, 뒤이어 만났던 베이징대학 교수들과 칭화(淸華)대학 교수들과의 토론에서도 비슷한 인상을 받았다. 중국은 개방 이후 잘살게 되었다고 하지만 속을 보면 잘못과 모순 덩어리가 너무도 많다는 것을 중국의 엘리트들도 부정하지 않았다. 공산당 간부들의 특권적 권력 독점이 다수 인민의 민주적 권리를 억압하고 값싸게 노동력만 착취함으로써 극단적인 부익부 빈익빈 현상을 만들었기 때문이다. 혹시 19세기에 살았던 마르크스가 21세기에 다시 살아난다면 지구상에서 사회주의 공산혁명이 가장 필요한 곳은 바로 21세기의 중국이라고 지목했을 것이다. 그래서 공산권의 개혁과 개방, 그리고 체제 전환 과정을 그다지 좋게 평가할 수만은 없었다.

그런데 체코의 프라하는 달랐다. 프라하는 유럽의 동구 공산권 국가 가운데 40년 동안 가장 권위적인 공산 체제였다. 스탈린이 직접 설계한 서쪽과 동쪽이라고 할 정도로 프라하와 평양은 너무도 비슷한 공통 분모를 지닌 국가였다. 그런 프라하가 지금은 가장 바람직한 민주적 개방 체제로 전환되었다. 특히 개혁과 개방의 과정에서 국가의 부(富)가 국민들에게 형평성 있게 분배된 이상적 체제 전환국의 모범을 보여 주었다. 2008년 이후 유럽을 강타한 경제위기 속에서도 프라하의 경제는 충분히 활력이 있었고 독일에 못지않은 제조업의 힘을 보여 주고 있다. 프라하에는 공산당 간부의 재벌화도 없었고, 체제 전환에 따른 커다란 사회적 혼란도 없었다. 그리고 그 속에서 중요한 혁신의 아이콘, '쿠폰 경제'를 발견할 수 있었다. 프라하 사람들에게 물어보면 '쿠폰 경제'에 대해 지금까지도 다양한 찬반 양론이 있다고 한다(김정훈, 2013). 그렇지만 외국인의 객관적 시각에서 보면 국가의 부를 국민들에게 평등하게 분배하면서 동시에 경제적 활력을 높였던 '쿠폰 경제'는 똑똑한 프라하 사람들이 획기적으로 개발 적용한 경제 혁신 작업이라 할 수 있다. 그래서 이제 북한에게 힘주어 20년 동안 참았던 할 말이 생겼다. "프라하의 혁신을 보라, 평양도 혁신할 수 있다." 프라하는 평양이 가장 성공적으로 혁신할 수 있는 가이드라인을 여러 측면에서 다양하게 제시해 주고 있으며 각각의 장단점도 잘 보여 주고 있다. 그래서 북한에 대해 다시금 이렇게 말하고 싶다.[4)]

> 혁신은 기존의 여러 가지 괜찮은 것들을 잘 모으고, 잘 연결해서 융합하고, 감동적 성과를 내는 것 아니겠는가! 평양이여 프라하를 보라.

---

4) 진심을 다해 여러 각도에서 평양의 만수대가 혁신하는 데 유용한 자료들을 잘 모으고 연결해 볼 필요가 있다. 기존의 역사에서, 소유 개념이 없었던 시기에서 소유 개념이 있는 시기로 넘어가던 아메리카 신대륙에서부터 살펴본다면 어떨까 한다. 아메리카 신대륙에서는 17세기 말 명예혁명을 경험한 영국인들이 자기 자신의 노력으로 개간한 토지에 대해 개별적 소유권을 인정받기 시작했다. 18세기에는 영국에서 독립한 미국 정부가 미국인들의 소유권을 보호하는 단계로 진입했다. 토지소유권에서 출발한 농업국가 미국이 상업적 거래를 활성화시키면서 19세기 중엽, 새롭고 중대한 국면에 진입했고 미래의 운명을 결정하지 않으면 안 되었던 고비도 있었다. 그것은 흑인 노예를 해방할 것인가에 대한 찬반 문제였다. 이 뜨거운 사안을 두고 기계공업이 발달하기 시작한 북부는 노예제 폐지를 찬성했고, 대규모 농장을 운영했던 남부는 노예제 폐지를 반대했다. 표면상으로는 흑인 노예제에 대한 사항이지만 사실은 경제와 돈의 문제였고 어떻게 돈을 벌 것인가에 대한 미국 사회의 치열한 결정 과정이었다. 북부는 산업사회로 진입할 것을 요구했지만, 남부는 농업사회에 잔류하기를 원했다. 북부는 보호무역에 의해 공업과 제조업을 육성, 돈을 벌자는 것이고, 남부는 자유무역을 통해 농산물을 유럽에 수출해 돈을 벌자는 것이었다. 서로 다른 경제 발전 문제로 남과 북은 양보할 수 없는 상황에 직면했다. 결국 미국의 북부와 남부는 충돌했고 남북전쟁의 결과, 미국은 보호무역을 통해 공업을 육성하고 산업화 단계로 진입했다(김정훈, 2012 참조).

한편 2000년대에 진입하면서 동북아시아는 세계의 중심지로 급격히 부각되었고 2008년 이후 미국과 유럽이 침체하면서 상대적으로 중국과 일본은 가장 강력한 경제대국이 될 수밖에 없었다. 그런데 미국과 서구의 경제력 약화는 오히려 중국과 일본이 동북아시아에서 직접 대치하는 상황을 연출시키고 있다. 이와 같은 과정에서 남한과 북한이 민족 내부적으로 갈등하고 다투는 것은 주변적 상황 변화를 너무 무시하는 안일한 자세이다. 이에 대해서는 그 누구도 반박하지 않을 것이다.[5] 만일에 지난 세기와 같이 한반도를 중국과 일본의 전쟁터로 만들지 않으려면 한반도는 조속히 화해하고 융합하는 시대로 나아가야 한다. 그것이 시대의 흐름이고 요구이다. 만일 그것을 거부한다면 남한이나 북한 모두 자주권을 잃어버릴 수 있다. 설마라고 하는 사람이

---

5) 전혀 다를 것 같지만 19세기 미국과 한반도의 20세기 역사적 경험은 의외의 공통성과 차별성이 있다. 20세기의 한반도에서 남과 북은 19세기 미국의 남부와 북부의 갈등과 내전이라는 비슷한 무엇이 있었다. 미국의 남부처럼 한반도의 남부는 농업에 기반을 두고 있었고 대규모의 지주도 많았다. 이에 비해 한반도의 북부는 미국의 북부처럼 공업에 기반을 두고 있었고 산업화에 적극적이었다. 남과 북은 전쟁도 치렀다. 그런데 차이도 있었다. 한반도의 공업과 농업은 일본에 의해 강제된 것이었고, 해방 이후 북한은 공산주의에 의한 토지혁명으로 무상몰수 무상분배를 실시했다. 남한은 수정된 자본주의적 시각에서 유상몰수 유상분배를 실시했고, 남한의 농민들은 토지를 값싸게 소유할 수 있는 기회를 잡을 수 있었다. 한국전쟁에서 물밀듯이 유라시아를 덮쳤던 공산혁명 물결을 막을 수 있었던 배경에는 남한의 토지개혁이 남한 농민들에게 긍정적으로 수용되었기 때문이기도 하다. 남북전쟁 이후 하나가 된 미국과는 달리 한국전쟁 이후 완전히 갈라서 버린 남한과 북한은 서로 다른 길을 달렸고 상호 치열하게 경쟁했다. 1970년대까지는 북한이 남한을 앞섰다. 그러나 개방 체제 속에서 수출 지향적 제조업 중심의 경제 발전 전략을 펼친 남한은 1990년대 이후 크게 북한을 앞질렀다. 북한은 무상몰수 무상분배로 모든 토지를 무주공산(無主空山)으로 만들었으나 남한은 유상몰수 유상분배로 토지에 개별적 소유권을 보장했다. 그리고 1997년 경제위기 이후 한국은 더욱더 놀라울 속도로 발전한 것에 비해 북한은 답보 상태를 보이거나 후퇴했다. 이제 남한과 북한은 더 이상 체제 대결의 경쟁을 할 필요는 없다. 오히려 두 세대 이상의 체제 실험 결과 나타난 상호간의 장단점을 잘 보완해 남한이 지닌 수많은 문제와 북한이 지니고 있는 난제들을 동시에 풀어나가면서 변증법적으로 더 높은 단계로 발전적 진입을 해야 할 시기이다.

있다면 역사책을 다시 보기 바란다. 우리는 이미 경험했다. 청일전쟁과 러일전쟁이 치러지고 있는 상황에서조차 조선 내부에서 수구파와 개화파가 다투었던 상황을 기억하고 있다. 과거와 같이 한반도가 계속해서 남과 북으로 분열하고 보수와 진보로 나뉘진다면 한반도는 중국이나 일본에게 국권을 또다시 송두리째 빼앗길 수도 있다. "핵무기가 있는 시대에 설마……"라고 이야기한다면 또다시 체코의 프라하 경험을 찾아볼 필요가 있다.[6] 또한 최근에 우크라이나를 침공해 국토를 빼앗아가는 러시아의 군사적 행동에 유럽과 미국이 속수무책인 상황도 반드시 눈여겨볼 부분이다. 핵전쟁이 아니라 핵전쟁을 피하기 위한 강대국들의 흥정과 뒷거래 속에서 약소국은 언제든지 전쟁 한번 제대로

6) 제1차 세계대전이 1918년 마무리되면서 프라하(체코슬로바키아공화국)는 오스트리아-헝가리 제국에서 독립했다. 독립된 공화국에서 프라하는 중부 유럽의 꽃으로 만개했고 전쟁으로 피폐된 비인과 베를린을 능가했으며 1920년대에는 세계적 공업국가, 체코슬로바키아로 발전했다. 그렇지만 영국과 프랑스는 히틀러의 독일이 다시금 강성해지자 독일의 총부리를 서쪽이 아닌 동쪽의 소련으로 돌리길 원하면서 평화 협상을 시작했다. 강대국의 국가 이익 추구 경쟁 속에서 1938년 영국, 프랑스, 독일은 뮌헨협정을 맺었고 체코슬로바키아는 전쟁 한번 하지도 못한 채, 조각조각 해체되어 히틀러에게 헌납되었으며 지도상에서 일시적으로 체코슬로바키아공화국은 사라졌던 아픈 기억이 있다. 동북아시아에서 중국이 강성하자 미국은 일본을 통해 중국을 견제할 것을 요청받았고, 일본은 한반도에서의 역할까지 강화하면서 집단적 자위권을 행사하게 되었다. 심지어 일본의 부총리 아소 다로(麻生太郎)는 히틀러의 전략을 일본이 참고해야 한다는 소리까지 공공연하게 하고 있는 상황이다. 미국은 일본의 요구를 들어주면서 일본의 중국 견제를 지원하지만 한국은 과연 일본에서 자유로울 수 있을 것인가를 묻지 않을 수 없다. 만일 소련을 견제하기 위한 영국이 독일의 히틀러 주장을 받아들인 것처럼 중국을 견제하기 위한 미국이 일본 총리 아베(安倍晋三)의 주장을 들어 준다면 어떻게 할 것인가? 중국과 일본이 전쟁을 하고 제2의 청일전쟁이 한반도에서 벌어졌을 때 미국은 중국과 싸우는 일본을 위해 한국을 전쟁터로 사용하는 것을 승인할 것이다. 동시에 중국과 일본이 바다가 아닌 육지에서 전쟁을 펼칠 때 북한도 현재처럼 폐쇄적 상태로 방치되지 않을 것이며 결국 북한도 자주권을 잃을 것이다. 북한은 북아메리카의 경험, 프라하의 경험, 서울의 경험을 비롯해 다양한 외국의 관련 사례를 참고해 새로운 만수대 혁신을 적극적으로 추진하여 단기간에 빠른 속도로 경제 발전해야 한다. 그래야 그나마 중국과 일본 사이에서 동북아시아의 평화를 유지시킬 수 있는 한반도의 균형자 역할은 복원될 수 있다(김정훈, 2013 참조).

하지 못하고 주권을 빼앗기고 국토가 분단될 수 있다. 이것은 21세기에도 여전히 사실로 증명되는 국제 관계의 냉혹함이다.

3. 만수대에서 강남으로

서울의 강남거리 풍경은 잘 알려져 있지만 평양의 만수대거리 풍경은 생소하다. 우선 만수대거리는 고구려 시대 성문인 보통문(普通門)에서 옥류교 입구까지 이어지는 도로이다. 이 거리를 중심으로 만수대 지역의 풍경을 그려 볼 수 있는데 우선 북한 관련 화보 자료에서 꽤나 자주 소개되고 있는 만수대 의사당은 만수대거리에서 가장 대표적

명품거리로 바뀐 프라하의 옛 김일성거리(프라하 메트로놈 언덕 아래)

인 건물이다. 행정구역상 평양직할시 중구역 서문동에 위치해 있는 만수대 의사당은 천연 석조 4층 건물로서 1980년대 중반에 지어졌는데 서울 여의도에 위치한 국회의사당에 해당한다. 북한의 공식적 최고결정기관인 최고인민회의가 개최되는 곳이고, 북한의 모든 권력이 공식적으로 북한의 전체 인민에게 전달되는 곳이기도 하다. 한국과의 인연도 깊어서 1991년에는 한국의 국회 대표단 25명이 이곳을 방문한 바 있으며, 2000년에는 한국의 대통령 김대중과 북한의 국방위원장 김정일이 남북정상회담을 여기서 개최한 바 있다.

북한 최고인민회의가 개최되는 만수대 의사당[7)]

그런데 요즈음 만수대거리 주변에는 1960년대 지어진 5층짜리 아파트를 비롯한 낡은 건물들이 대부분 철거되고 본격적인 재개발이 시작되었다. 2008년부터 시작되었는데 만수대 지역 인근에 위치한 유서 깊은 5호 관저(김일성이 1950년대 후반부터 1977년까지 주석궁으로 사용했던

7) 자유아시아방송 자료.

곳)도 철거되었다. 김정일이 유년기와 청소년기를 보낸 집인데 과감하게 철거 명령을 내린 것이다. 북한 최고지도부의 큰 관심 속에서 만수대거리는 2009년 9월, 800여 세대의 대단위 아파트 단지를 재개발 완공했다. 600여 채의 낡은 집과 건물을 철거하고 불과 1년 정도의 최단기간에 새 집을 지은 것이다. 김정은 후계자 내정 원년에 완공된 만큼 김정은의 첫 번째 치적이라고 할 만수대거리의 중요한 변화는 이미 시작된 것이다. 만수대지역 재개발사업의 특성은 기존보다 세대 수를 많이 늘리지는 않는 대신 주택별 면적을 대폭 늘려 쾌적한 주거 여건 마련에 중점을 두었다고 한다. 6층에서 최고 18층까지 다양한 형태로 지어진 아파트는 모두 면적이 100평방미터(약 30평) 이상으로 지어졌는데 재개발된 만수대는 북한의 혁신적 변화를 모색한 대표적인 현대적 공간이라고 하겠다.

이와 같은 만수대의 고층건물 지역은 서울의 강남역 인근을 연상하게 할 정도로 매우 접근성이 좋은 곳이라고 한다. 북한방송 등의 보도에 따르면, 김정일은 직접 이곳을 찾아 당의 구상과 의도가 반영된 최상급의 현대적 살림집이라며 치하했다고 한다. 만수대의 아파트 배정이 완료되고 2009년 말부터 주민들의 입주가 시작되어 2010년에는 안정된 주거단지로 바뀌었다. 이른바 북한판 뉴타운인 만수대 지역에는 기존에 살던 600여 세대가 다시 들어왔고 건설 참여 관계자와 노동자, 체육인 등 각종 공로를 인정받은 시민들도 아파트를 배정받았다. 물론 새집을 얻게 된 기존 주민이나 추가로 입주한 사람들이나 모두 '공짜'로 새집을 얻었다. 새로 만들어진 아파트 내부 사진을 보면 서양식 싱크대와 욕조, 베란다에 이르기까지 한국의 아파트와 큰 차이가 느껴지지 않을 정도로 깔끔한 모습이다. 일부 집에는 세면장을 두 개씩 설치한 것도 기존 북한의 아파트에서는 볼 수 없는 혁신적 발상이었다. 아파트 상가도 많이 만들었는데 잡화점, 빨래집, 유치원, 탁아소, 약국 등이 들어왔다. 그러나 근본적인 한계도 있었다. 만수대 재개발을 대대적으로 선전했던 북한은 아직 '10만 호 주택 건설'이라는 장밋빛 전망을 실현시키지 못하고 있다. 북한 최고지도부의 특별한 관심 하에 부족한 사회·경제적 자원을 집중해 건설한 만수대 신도시지만 더 이상 공짜로 집을 분배하는 것은 어려웠다. 그리고 만수대 재개발이 아직 진행되고 있던 2011년 12월 김정일은 세상을 떠났고, 그의 후계자로 지정된 김정은 북한 국방위원회 제1위원장이 등장했다.

어쨌든 평양의 만수대는 이른바 서울의 강남처럼 지칭된다. 북한의 평양에서도 제일 좋은 지역으로서 북한 주민들이 가장 살고 싶어하는 지역이기 때문이다. 노후한 600채의 가옥을 부수고 1년 만에 800채의 대단위 현대식 아파트단지를 만든 북한의 저력은 높이 평가할 만하다 어떻게 그토록 빨리 현대식 주택을 건설할 수 있을까 싶을 정도이다. 안전성에 문제가 없는지 따져보아야 할 부분도 있지만 외견상으로는 대단하다고 하겠다. 북한처럼 외부와 격리되어 있는 사회에서 대체 어떻게 저런 식의 현대적 주거단지를 건설할 수 있는가도 놀랍다. 최단기간에 최신식 아파트단지를 만들어 낸 만수대 스타일은 대단하고 그럴 수 있는 국가 권력의 힘 역시 대단하다고 평가할 수 있다.

여기에는 또 다른 놀라움도 있다. 그것은 옛 주석궁을 허물고 새로운 뉴타운을 만든 북한 엘리트의 과감한 혁신과 변화에 대한 선택이다. 과거에 얽매이지 않고 새로운 것을 찾는 것이 북한으로서는 매우 어려울 텐데 그런 예상을 완전히 뒤엎는 놀라움을 만수대는 증명해 주었다. 물론 무슨 자금으로 그렇게 많은 아파트를 건설할 수 있었을까 역시 놀라지 않을 수 없다. 최소의 비용으로 최상의 제품을 만들 수 있다는 평양 만수대의 우수성을 입증시켜 준 것이다. 더욱이 새로 입주하는 모든 주민이 공짜로 집을 얻은 것은 정말 대단한 일이다. 서울의 강남 스타일에서는 결코 볼 수 없는 평양의 만수대 스타일 특징이다. 그런데 바로 여기에 평양 만수대의 함정이 있다. 돈과 시장과 자본을 전혀 고려하지 않았다는 것이다. 그래서 많은 아파트를 짓기는 어려웠다. 만수대는 모든 필요 조건을 다 갖춘 것 같아 보이지만 지속력이 없는 이유가 바로 여기에 있다. 만수대가 진정한 혁신을 하기 위해서는 돈과 시장과 자본이라는 현실을 이해하고 수용하지 않으면 안 된다. 대단한 만수대 스타일이고 화려하고 웅장한 만수대의 뉴타운이지만 여기에 돈이 생기고 시장이 형성되며 자본이 모일 수 있는 공간은 전혀 없다는 것이다.

만수대 신도시와는 달리, 서울의 강남은 소유권이 보호되는 기반에서 탄생했다. 서울의 강남은 경제적 능력, 즉 돈을 많이 벌고 쓸 수 있

평양 만수대 지역의 고층 아파트

는 사람들이 생활할 수 있는 공간으로 탄생했다. 큰 돈을 번 사람들은 삼성물산이 지은 대치동의 최고급 타워 팰리스에 살 수 있다. 그렇지만 비싼 아파트 관리비가 연체되는 순간 아파트 등기부에는 압류 표시가 올라가고, 강제로 경매에 팔려나가 이곳에서 쫓겨난다. 여기에 예외는 없다. 소유를 기반으로 형성된 서울의 강남이기 때문에 소유권을 행사하기 위해서는 값비싼 경제적 가치를 지불해야 하고 그 가치를 지불하지 못하는 순간 강남에서 쫓겨나고 만다. 그러나 평양의 만수대는 소유권이 없는 기반에서 탄생했다. 소유권이 없다고 모두가 만수대에 살 수 있는 것은 아니다. 평양의 만수대는 대부분의 모든 북한 사람이 살고 싶어하는 곳이기 때문에 치열한 경쟁이 있을 수밖에 없다. 만수대에서는 치열한 경쟁을 뚫기 위해 더욱더 강한 권력을 소유해야 한다. 경제적 소유권이 아니라 정치적 소유권이 평양의 만수대에 분명 존재한다는 것이다. 최고위급 상위 권력 0.4퍼센트에 속해야 만수대에 살 수 있다. 소유 권력이 약화되고 권력 투쟁에서 밀린 사람들은 만수대에서 쫓겨난다. 권력을 갖고 있는 자만이 평양의 만수대에 살 수 있다. 따라서 만수대에는 권력만이 필요할 뿐이고 경제적 능력은 권력을 얻는 순간 함께 생겨나는 전리품에 불과하다.

결국 만수대에는 경제적 능력, 즉 돈을 많이 벌 수 있는 사람들에게 기회를 줄 수 있는 구조적 변화를 모색하지 않으면 빈곤을 탈피할 수 없다는 절박한 상황 인식이 우선적으로 필요하다.

제3장

만수대에는 없는 신사동 가로수길

평양에도 강남이 있다. 그러나 평양의 강남은 허허벌판이고 평양의 모든 권력과 돈은 만수대에서 나온다. 국가 권력과 정부의 문제를 극명하게 지니고 있는 만수대의 유전자적 한계를 보완하기 위해서는 치열한 시장적 DNA를 지니고 있는 강남과 융합되어서 새롭게 변해야 하는데 평양의 강남은 아직도 버려져 있는 공간으로 방치되어 있다. 돌이켜보건대 서울은 1970년대 이후 약 30년 동안 버려졌던 강남을 시장적 DNA로서 치열하게 변화시켰다. 그 과정 속에서 강남구 신사동 가로수길의 변화 사례는 평양 강남과 서울 강남을 구분짓는 중요한 이정표라고 하겠다.

1. 국가주의적 공공 부문의 한계

서울의 강남 한복판에서도 만수대 스타일을 찾아볼 수 있다. 어떻게 강남에 만수대가 있냐고 이상하게 생각할 수도 있다. 물론 평양의 만수대와 같은 해발 고도 80미터의 언덕을 말하는 것은 아니다. 평양의 만수대가 지닌 경직되고 권위적이며 독점적인 스타일, 이른바 국가주의적 공공 부문에서의 특징을 지칭한다고 하겠다. 평양의 만수대 스타일은 남한의 공공 부문에서도 흔히 발견되는 장점과 단점을 고스란히 안고 있어서 남한에서도 만수대 스타일을 찾을 수 있다는 것이다. 차이가 있다면 상대적 차이일 뿐, 그 속성으로 들어가면 남북한 모두 비슷하다. 우신 공공 부문의 대표적 예산 낭비 사례로 거론되는 용인시의 경전철사업은 만수대 스타일에 속한다. 공공사업의 경제적 타당성을 정확히 파악하지 않고 사업을 추진할 경우 그 결과는 공공재정의 파탄으로 이어지기 때문이다.

서울에도 이와 같은 만수대 스타일의 결과물은 많이 있다. 서울 강남의 압구정동 지역을 살펴보자. 압구정동 현대백화점 본관 옆에는 강남구청이 많은 돈을 들여 만든 강남관광안내센터가 있다. 일단 안내센터에는 강남구민이 지불한 세금과 함께 구청의 강력한 영향력 때문인지 넓은 공간에 멋진 장식, 그리고 은행을 비롯한 주요 시설들이 입주해 있다. 일견 강남관광안내센터만 보면 문제가 없는 것처럼 보인다. 그렇지만 바로 옆에 있는 현대백화점과 상호 비교해 보면 서울의 만수대 스타일에 어떤 문제가 있는지 찾을 수 있다. 강남관광안내센터는 면적이 100평 정도이며 바로 현대백화점 옆에 붙어 있다. 그런데 현대백화점의 100평 공간에서는 연간 수백억 원의 돈을 벌어들인다. 그리고 정부와 지방자치단체에 매년 수억 원을 세금으로 낸다. 예외 없이 백화점의 100평 공간에서 수익을 내지 못하는 곳이 혹시 있다면 그곳은 즉시 폐쇄되고 다른 매장으로 바뀔 것이다. 백화점이 망하지 않기 위해서는 야박해도 어쩔 수 없다. 그러나 공공 부문인 강남관광안내센터의 100평에서는 버는 것보다 쓰는 것이 많다. 세금을 강남구청에 내는 것은 고사하고 세금을 받아다 쓰는 형편이다. 그렇다고 본래의 업무인 관광객들에게 관광 안내를 잘하는가 하면 그렇지도 않다. 관광센터를 방문하는 관광객의 수가 절대적으로 적기 때문이다.[1] 그런데 왜 안내센터는 오랫동안 버틸 수 있을까? 그것은 구청의 돈, 즉 세금으로 적자를 메우기 때문이다.

이와 같이 서울의 강남 압구정동에서조차 만수대 스타일은 존재한다. 정말 만수대 스타일로 돈 벌기는 거의 불가능하다. 결국 만수대 스타일로는 돈을 쓸 뿐이다. 평양뿐만 아니라 서울의 만수대에서도 돈에

1) 강남에 밀집된 성형외과에서 성형 수술을 받고자 외국에서 오는 많은 관광객이 강남관광안내센터를 이용하는 경우는 많지 않다. 그 이유는 대행사를 통해 이미 자세한 안내를 받고 인천공항에서부터 리무진 서비스를 받는 관광객이 많기 때문이다. 또한 그런 관광객들은 시간이 있어도 공짜로 좋은 시설을 이용할 수 있는 강남관광안내센터를 잘 가지 않는다고 한다. 오히려 많은 돈을 쓰면서 즐거워하고, 화려하며 고급스러운 현대백화점의 시설에 환호한다. 꽤 좋은 시설과 비싸지만 화려하고 고급스런운 시설이 처음에는 별 차이 아닐 수 있다. 그렇지만 곧 큰 차이를 만들어 낼 수밖에 없다. 돈을 벌 수 없는 강남관광안내센터가 오랫동안 잘 유지되기는 어렵기 때문에 점점 더 시설이 낙후되고 그럴수록 손님들은 발길을 돌릴 수밖에 없다. 북한의 만수대 스타일이 지니고 있는 강점과 약점은 강남의 대규모 관광안내센터 사례에 비추어볼 때, 꽤 정확하게 진단할 수 있다. 근본적으로 공공 부문에서 일하는 공무원들이 돈을 벌기는 어렵다는 것이다. 돈은 개인과 사기업이 시장에서 치열한 경쟁을 통해 벌어야 한다. 반대로 공공의 목적을 위해 정부의 돈을 쓸 때는 정말 꼭 여기에 이 돈을 써야 하는가를 계속 반문하고 까다롭게 평가를 받으며 조심스럽게 지출해야 한다. 함부로 국민이 낸 세금을 불필요한 부분에 낭비하지 못하게 해야 한다. 결국 공공 부문만 보면 서울의 강남이나 평양의 만수대가 큰 차이 없고 비슷한 문제점을 안고 있음을 보게 된다.

는 관심만 많을 뿐, 잘 벌지는 못하고 쓰기만 한다는 것이다. 물론 공공 부문에서 돈을 많이 벌어도 문제이다. 만약 강남구청이 많은 돈을 벌면 오히려 감독기관으로부터 질책을 받을 수 있다. 이것은 강남구 사례뿐만 아니라 서울특별시, 나아가 대한민국 전체의 공공 부문이 지닌 근본적 한계점이고 그래서 남한 공공 부문도 막대한 부채에 허덕이고 있다. 혹시 대한민국에 공공 부문만 있고 민간 부문이 없다면 남한 역시 북한처럼 국가 부도가 났을 것이다. 본래 공공 부문은 공익을 위해 활동하는 조직 목표를 갖기 때문에 돈을 잘 벌기 위한 일반 사기업과 다를 수밖에 없다. 이와는 반대로 사기업 부문이 공익을 위해 활동한다는 것도 한계가 있다. 아무리 압구정동의 현대백화점이 공익을 위해 사회에 봉사한다고 해도 현대백화점은 본래 돈을 벌기 위한 기업이기 때문에 그 본질을 벗어날 수 없다. 예컨대 양파값이 폭락하는 바람에 농민들의 어려움을 덜어 주겠다는 취지에서 현대백하전이 양파를 공짜로 손님들에게 분배한 사례를 들어보자. 공익(公益)인가 사익(私益)인가? 결국은 백화점 매출을 높이면서 기업 이미지도 높이는 일거양득의 판매 전략이다. 백화점에 더 많은 고객이 찾아와서 돈을 더 쓰도록 하는 고급 상술이며 착한 판매 전략이라 하겠다. 결코 공익을 위해 기업이 기업 이익을 포기할 수는 없다. 그리고 기업에게 그것을 전적으로 요구해서도 안 된다. 공익을 위해 공공 부문이 해야 할 일이 있고, 사익을 위해 민간 부문이 해야 할 일이 있다. 공익을 위한 건전한 만수대, 사익을 위한 치열한 강남, 양측 상호간에 적절한 균형이 반드시 필요하다.

2. 강남 가로수길의 탄생

이제 강남구 신사동 가로수길의 이야기를 시작해 보자. 만수대 스타일과 대비되는 가로수길은 어떤 내용을 우리에게 보여 줄 수 있을까? 쓱 지나가면 모를 수도 있겠으나 꼼꼼히 살펴보면 가로수길에는 만수대가 갖지 못한 아주 중요한 보물들이 있다. 가로수길은 신사동 502-5번지에서 시작해서 신사중학교와 현대고등학교 앞 사거리까지 이어지는 왕복 2차선의 작고 허술한 길이었다. 삐쩍 마른 은행나무 가로수가 심겨져 있고(지금은 꽤 굵어졌지만), 꽤 오래전에 개봉된 〈은행나무침대〉라는 영화를 만든 제작사 사무실이 있었던 곳이다. 지하철 3호선 신사역과 압구정역 사이에서 어중간한 위치에 있는 까닭에 사람

가로수길이 시작되는 강남구 신사동 502-5번지

들의 발길이 뜸한 외진 길이었고 역세권에서 벗어나 있어서 상권도 형성되지 않는 한적한 거리였다. 그래서 이곳 지하에는 작은 카페들이 싼 임대료를 내며 있었고 1층에는 작은 상점 그리고 2층에는 대부분 주택들이었다.

그런데 1997년 겨울을 지나면서 수많은 기업에서 유능한 월급쟁이들이 퇴출되었다. 그들은 그동안 정말 열심히 회사를 위해 몸이 부서져라 일했던 사람들인데 변변한 퇴직금도 없이 일터에서 쫓겨났다. 정부가 해 줄 수 있는 것도 거의 없었다. 국가 전체가 부도 위기 직전이었기 때문이다. 더욱이 길거리로 쫓겨난 월급쟁이들에게 가족의 해체는 새로운 위기로 다가왔다. 이른바 IMF 이혼이 성행했고 우울한 사회적 증상은 도처에서 상처로 덧나고 있었다. 그러나 기회도 있었다. 상가의 임대료가 급락한 것이다. 수많은 크고 작은 사업체가 도산하면서 상가의 임대료는 기본 관리비만 내면 세를 얻을 수 있었다 강남에서 신사동 가로수길은 상가 임대료가 가장 많이 폭락했던 지역에 속했다. 물론 경제위기 속에서도 압구정동과 청담동의 로데오길은 여전히 상가 임대료가 높았지만 가로수길에는 빈 상가가 수두룩했다. 기업에서 치열한 조직생활을 했던 월급쟁이들이 생전 해보지 않던 김밥집과 떡볶이집을 가로수길 옆 후미진 골목에서 열었으며, 장사가 안 되서 시골로 이사 간다는 아주머니한테 헐값에 가게를 인수하는 경우도 있었다. 막다른 길에서 허접한 분식집을 한다는 것이 퇴출당한 월급쟁이들의 체면을 살려 주지는 않았을 것이다. 그러나 이제 월급쟁이는 없고 분식점 사장님만이 있을 뿐이며, 먹고 살고 생존하기 위해 물불 가릴 수 없는 위기 상황이었다. 작은 기적들은 그 처절함 속에서 피어나기 시작했다. 김밥가게와 떡볶이집에서 한국의 맥도널드를 지향하는 새로운 흐름이 나타난 것이다. 만수대 스타일에서는 볼 수 없었던 죽느냐 사느냐의 '목숨을 건 치열함' 속에서 후미진 가로수길도 새롭게 탄생한 것이다.

한편 88올림픽을 전후로 본격적인 개방화가 시작되었다. 강남에 살던 꽤 풍족한 집안 자제들이 유학을 떠나기 시작했고, 여행이 자유로워지면서 해외 관광이 붐을 이루었다. 올림픽 이전에는 유학 가기 참 어려웠으나 이제는 경제적 여유만 된다면 유학의 문이 활짝 열렸고 해외 연수의 기회도 많았다. 이에 대한 찬반 양론도 있었다. 유학생들 속에는 공부를 좋아하는 젊은이도 있었지만 끼가 많은 젊은이도 있었기 때문이다. 외국 생활을 하고 돌아온 젊은이들 가운데 끼가 많은 청년들은 연구소나 학교로 가지 않고 압구정의 로데오거리를 어슬렁거리며 다녔다. 임대료가 너무 비싸서 무엇을 할 엄두가 나지 않았을 것이다. 그런데 강남이지만 임대료는 매우 낮은 상가를 찾던 중, 제격인 곳이 바로 가로수길이었다. 외국에서 감각적으로 느꼈던 인테리어와 사업 아이템 선정으로 작지만 아기자기한 카페들을 탄생시키는 동력이 되었다. 또한 그들은 음악과 영화를 만들어 내는 스튜디오를 만들기 시작했다. 직접 사업을 차리기도 했지만 그런 사업에 힘을 보태는 직원이 되기도 했다. 1989년 SM엔터테인먼트를 설립한 이수만도 당초 미국 서부 지역으로 컴퓨터공학을 공부하러 갔던 유학생이었다. 젊은 시절 가수였던 그는 귀국 후에 연구소나 학교로 가지 않고 미국에서 느꼈던 대중음악 시장의 새로운 흐름과 느낌을 토대로 HOT, 신화, 동방신기, 소녀시대, EXO를 등장시켰고, K-POP 문화를 선도했다. 그에게 미국까지 가서 외화를 썼는데 왜 계속 전공을 살려서 컴퓨터공학 연구를 안했느냐고 비난할 사람이 있을까?

이렇게 2000년대 신사동 가로수길 주변의 구석구석은 매력 있는 작은 가게들과 창작 공간으로 하루하루 다르게 변했고 그것은 사람들이 좀 더 수고스럽게 길을 걷을 매력이 되었다. 버스도 다니지 않고, 지하철역에서도 꽤 떨어져 있으나 사람들은 기꺼이 예쁜 가게를 향해 발길을 옮겼고, 그 사이사이에 또 다른 아기자기한 가게들이 생겨나 색다른 기쁨을 주는 거리가 되었다. 이 또한 만수대에서는 찾아볼 수 없는 '개방성과 다양성'의 활기찬 모습이다.

가로수길의 벽화

3. 문화가 자본이 되는 가로수길

생존의 절박함에서 벗어나면서 2000년대의 신사동 가로수길은 점점 더 활기 찬 거리로 변모했다. 심지어 작곡을 하는 작곡자의 이름이 '신사동 호랭이'라고 할 정도로 신사동 가로수길은 뭔가 있는 것 같은 공간이 되었다. 셀 수 없을 만큼 많은 작은 가게들과 카페, 음식점, 그리고 옷집과 액세서리 상점들이 저마다 독특한 모양새를 뽐내기 시작했다. 가로수길의 옆길 골목 쪽으로 다시 세로수길이 가지치기를 하면서 매력의 범위를 확대 재생산하고 있음에 너무 놀랄 필요는 없을 것이다. 가로수길이 지니고 있던 태생적인 유전자가 생존 의지이고, 자유분방함이기 때문이다. 유학파들이 보여 준 디자인적 감각은 독특했으며, 근처에 있는 디자인학교 출신들이 분출하는 영감과 그 다양성은 거리를 빠르게 변화시켰다. 걷는 것이 힘든 것이 아니라 재미를 주는 일임을 증명한 것이다. 지금도 신사동 가로수길의 크고 작은 가게들의 디자인은 획일성을 벗어나 다양성의 힘을 보여 주고 있다. 어느새 강남에는 청담동에서 압구정동 그리고 신사동으로 이어지는 한류(韓流) 문화 생산기지가 구석구석에 자리 잡으며 문화 창조적 산업벨트를 형성하고 있다. 십수 년 전과 비교하면 놀라울 따름이다. 이제는 새로운 뮤지션과 아티스트뿐만 아니라 영화 제작자, 드라마 감독, 그리고 수많은 예술인이 모여드는 곳이 되었고, 실제로 많은 드라마와 영화의 창작 공간이 되고 있다.

가로수길에는 화랑, 액자점, 결혼식 관련 업체가 의외로 많이 있다. 광고나 영화기획 사무실과 각종 스튜디오들도 구석구석 많이 있다. '강남의 충무로'라고 할 만큼 카페에서 이야기를 나누는 사람들의 말을 무심코 듣다보면 드라마와 영화에 대한 기획 토론이 꽤 많이 있다. "누구네 그 장면은 이렇게 구성되어 있는데 의도는 좋지만 평가는 별로였어. 그런데 그 프로에서 나온 그거 있잖아. 그렇지 CG를 첨부해

스토리를 보강하면 꽤 괜찮겠던데……." 그래서인지 점심 시간에 어디서 몰려나온 젊은이들인지 모르겠지만 머리 스타일부터 발끝까지 일반 월급쟁이들하고는 좀 다른 예술적 느낌들이 있다. 신사동 가로수길에는 각종 동호회도 많다고 한다. 그 가운데 살사 춤의 대중화를 위한 동호인 모임도 있는데 과거 1970년대의 신사동 카바레와는 완전히 다른 분위기를 보여 준다. 장바구니를 들고 얼굴을 붉히며 카바레로 들어서던 강남 개발 당시의 춤바람 난 부인네들의 그것과 지금은 너무도 다르다. 다양하면서도 각자의 개성이 반영된 활력있는 싸이와 같은 비(非)외모적 가수와 비(非)권위적 강남 스타일이 표출되기에 신사동 가로수길은 오늘도 매력을 발산하고 있다. 할리우드 영화와 뉴욕의 문화산업을 넘어설 수 있는 멋진 공간 가로수길도 기대해 볼 수 있을 것이다.

강남구 신사동 가로수길의 특징적인 몇 가지 대표 사례만을 예시했기에 그 밖의 더 많은 다양한 이야기를 모두 담지 못하는 안타까움이 있다. 신사동의 이야기 속에서도 참으로 변화무쌍한 측면이 많기 때문이다. 특히 외환위기 속에서 기회를 만든 사람도 있었고 실패의 쓴 맛을 본 사람도 있다. 신사동 가로수길은 경제위기 속에서 직장을 잃은 월급쟁이들에게 재기를 모색할 수 있게 도와 준 생존의 공간이면서 동시에 수많은 사람의 패배와 아픔을 요구했던 전쟁터이기도 했다. 가로수길은 지금도 성공과 실패가 공존하는 곳이고 치열하게 시장 경쟁 속에서 승자와 패자를 양산해 내는 곳이다. 정말 어디에서도 하나의 공통점을 찾기 힘들 정도로 다양한 신사동 가로수길이지만 이곳은 공공 부문의 논리보다는 언제든지 잘 못하면 망한다는 절박감과 긴장감이 서려 있는 곳이다. 가로수길에서는 오늘도 사람들을 끌어모으는

대자본이 몰려든 가로수길

매력이 발산되고 있지만 그 속에 흐르는 다양한 개인들의 뜨거운 땀과 시장 경제 그리고 돈의 논리는 추호도 양보함이 없다. 이미 가로수길은 2010년대 이후 엄청난 자본으로 무장한 대기업들의 자리싸움이 시작된 곳이다. 거대 자본의 세찬 흐름 속에서 작은 카페와 가게는 쓰나미에 밀리듯 사라져 갔다. 더 이상 가로수길 은행나무 옆에서 작은 가게를 찾아보기는 쉽지 않다. 온갖 국내외 대기업들의 대형 간판으로 치장된 엄청난 매장들이 전면에 있을 뿐이다. 그렇다고 가로수길의 생존 본능적 DNA를 만만하게 보아서도 안 될 것이다. 과거의 경험에서 그랬듯이 가로수길의 작은 가게들은 결코 쉽게 망하지 않는다. 가로수길은 이제 세(細)로수길이라는 더욱 후미진 신사동 뒷골목을 치열하게 변신시키고 있기 때문이다. 마치 나무의 잔뿌리가 딱딱한 땅 속을 파고들듯이 가로수길의 생명력은 여전히 살아 숨쉬고 있는 것 같다.

제4장

강남 개발은 왜, 누가 시작했을까?

강남이라는 치열한 시장 경쟁적 공간은 대체 어떤 출생의 비밀을 갖고 있을까 궁금했다.[1] 대체 누가 1960년대까지 한강의 동남쪽에 버

1) 강남 하면 사람들은 대부분 강남구를 연상한다. 서울의 25개 자치구 가운데 가장 잘사는 지역에 속하는 자치구이며 연간 재정 규모는 6천억 원이 넘고, 재정자립도는 82% 이상이다. 빚은 전혀 없고 소유한 재산은 토지를 포함해 3조 5천억 원을 상회하는 명실상부한 부자 자치구이다. 여타 자치구들의 재정 규모 평균액이 3천억 원 정도인 것에 비하면 두 배 규모이고, 전국 지자체 평균 재정자립도가 51% 정도인 것과 비교하면 얼마나 풍족한 곳인지 두말 할 필요도 없다. 서울특별시 속의 특별자치구라고 해도 과언이 아니다. 그럼에도 불구하고 부자동네 강남구 역시 열악한 부분이 많다. 화려한 타워 팰리스도 있지만 구룡마을의 가난한 비닐하우스촌도 있고, 최첨단의 IT 도시 기능을 자랑하는 테헤란로 빌딩 숲도 있지만 여름철 호우에 물난리를 겪는 강남역 지하상가도 있다. 부자도 있지만 거지도 있다. 그것이 강남구의 현실이다.

려져 있던 땅을 개발하자고 했는가가 알고 싶었다. 강남 개발은 왜, 누가 시작한 것일까?

1. 박흥식의 남서울신도시계획안

강남 개발에서 결코 빠질 수 없는 인물이 있다. 생소하겠지만 1930년대 서울에 화신백화점을 세워 조선인 백화점 왕으로 군림했던 박흥식이 바로 그 인물이다. 요즘은 삼성전자의 이건희, 현대자동차의 정몽구를 모르는 사람이 없겠지만 1930년대에서 1960년대까지는 박흥식을 모르는 사람이 없을 정도로 그는 당대 최고의 기업가였다.

1930년대 서울(당시에는 경성)에는 5대 백화점이 있었는데 미스코시, 조지아, 마나카이, 히라다야는 모두 일본인이 세운 것이고 종로 2가 화신백화점만이 조선인 박흥식이 세운 백화점이었다고 한다.[2] 그런데 박흥식은 일본인이 세운 다른 백화점들과 치열한 경쟁을 벌이면서 이들을 압도했고 화신상회의 화신백화점은 명실상부 최고의 백화점으로 등극해 조선인의 자존심을 지켜 주었다고 한다. 세월이 흘러 미스코시는 현재 신세계백화점 본점으로 변해 있으며, 조지아는 미도파백화점을 거쳐 명동 인근의 롯데백화점(영 플라자)으로 바뀌었다. 그리고 박흥식이 세웠던 화신백화점은 삼성의 창업자 이병철이 인수해 종로타워(삼성증권 입주)가 되었다. 특이하게도 이 건물은 본체에서 공중으로 솟아 있는데 마치 화신백화점을 딛고 뛰어올라 세계적 기업이 되겠다

2) 손정목 교수는 암 투병 중에도 불구하고 공무원과 학자로서의 오랜 경험을 바탕으로 서울의 20세기 도시 역사를 연구하는 데 필요한 많은 자료를 잘 정리해 두고 떠나셨다. 그분의 연구가 있었기에 강남개발사 가운데 많은 부분을 복원할 수 있었다(서울 도시계획 이야기: 서울 격동의 50년과 나의 증언. 한울, 2002).

박흥식의 하신백화점 자리에 우뚝 선 삼성의 종로타워(서울시 자료)

는 포부를 밝히는 것 같은 모양새이다. 1960년대까지 국내 최고의 기업가였던 박흥식의 지위에 이병철이 올라서면서 박흥식의 화신백화점은 사라지고 삼성이 그 자리의 주인이 되었다.

대부분의 큰 부자들이 그렇듯이 박흥식도 부침이 있고 우여곡절이 많았다. 1903년 평안남도 용강에서 태어난 박흥식은 1920년 18세의 나이에 인쇄업을 시작했다. 타고난 성실성과 사업가적 기량으로 박흥식은 회사를 급속히 키워 나갔으며, 1926년에는 서울로 진출해 을지로 2가 조선식산은행(지금의 외환은행본점) 건물 일부를 임대, 선일지물이라는 종이 회사를 세웠다. 불과 24세의 나이였다. 종이 회사는 번창했으며 박흥식은 종로에 있던 귀금속상점 화신상회도 인수하게 된다. 그가 인수한 화신상회가 바로 화신백화점의 모태인 셈이다. 1932년 주식회사로 출범한 화신상회는 박흥식의 타고난 기업가적 역량이 백화점 운영에 접목되면서 빛을 발하게 된다. 그것은 요즘에나 볼 수 있는 현대적 인수 합병과 마케팅 기법, 그리고 프랜차이즈 방식의 도입이었고, 당시의 누구도 따라올 수 없는 상업자본가의 역량을 유감없이 보여준 사례들로 가득 차 있다.

먼저 박흥식은 화신백화점 옆에 먼저 세워진 동화백화점과 경쟁했다. 그러나 동화백화점은 화신백화점의 뛰어난 영업력에 상대가 되지 못했다. 결국 동화백화점은 화신백화점에 인수 합병되었고 박흥식은 동화와 화신에 구름다리를 놓아 장안의 손님들이 편리하게 양쪽에서 쇼핑을 할 수 있게 했다. 박흥식은 영업뿐만 아니라 홍보에서도 발군의 실력을 보여 주었다. 당시 최고 시인이었던 주요한을 스카우트해서 백화점 광고 업무를 맡기고 홍보 책자도 발간하게 했는데 요즈음 대형 백화점에서 매달 보내오는 신상품 카탈로그와 비슷한 것이었다. 80년 전인 1933년에 '화신의 백화(百貨)안내'라는 카탈로그를 찍어 발송한 것을 보면 박흥식은 이전의 조선 상인들과는 분명 다른 인재였음을 알 수 있다.

그러나 세상을 깜짝 놀라게 한 것은 뒤이어 나왔다. 전국의 주요 잡화점을 화신의 지점 백화점으로 만들어낸 것이다. 화신은 각 지역에서 화신 연쇄점 신청자를 모집한다는 광고를 1934년 일간지에 대대적으로 게재했다. 화신 연쇄점 신청자는 그 수가 3,000명을 넘었고, 그 가운데 300개의 점포가 선별되어 화신 연쇄점이 되었다. 박흥식은 전국의 지정 연쇄점에 각종 물품을 저렴하게 공급했는데 공급 물품의 견

화신백화점의 상품 카탈로그[3)]

본을 전시하는 견본시장과 대규모 물류창고도 마련했다. 한편 박흥식의 백화점 사업에도 중대 고비가 있었다. 목조 4층 건물이었던 화신백화점에 큰 불이 난 것이다. 1935년 화신백화점 화재사건은 워낙 큰 규모여서 동대문에서도 그 타오르는 불꽃이 보일 정도였고 시민들은 엄청난 충격에 빠졌다고 한다. 만일 화재보험에 들어 있지 않았다면 박흥식은 이 시기에 파산했을 것이다.[4)] 그러나 오히려 화재보험료를 충

3) 서울시 자료.

4) 박흥식은 피난 시절 부산에 세워졌던 한국안보화재해상재보험을 1956년 인수했다. 한국은행 총재를 역임했던 민병도와 함께 회사의 자본금도 확충하고 업종두 손해보험으로 바꿔 안국화재보험으로 재출범시킨 것이다. 박흥식의 화재보험사 인수와 업종 변경은 화신백화점 화재사건 경험과 무관하지 않은 것 같다. 그에게 화신백화점 대화재는 절체절명의 위

분히 받은 박흥식은 목조식 백화점을 엘리베이터가 설치된 최신식 건물로 다시 지을 수 있었고 규모도 확장했다. 쉬지 않고 일만 하던 박흥식이 백화점 화재 덕분에 오히려 여유 있는 시간이 생겼고 그래서 모처럼 느긋하게 일본을 돌아볼 수 있었다고 한다.

사업가들에게는 노는 것도 사업 구상 아이디어를 만들어 내는 중요한 투자인 것 같다. 박흥식은 도쿄(東京)와 오사카(大阪)를 몇 번이나 오가면서 대도시 주변에 신도시가 건설되는 것을 보았고, 서울의 외곽 지역에 신도시를 만들어 보면 좋겠다는 생각을 당시에 했다고 한다. 박흥식의 생각은 곧 실천으로 옮겨졌고, 그는 조선으로 돌아오자마자 지금의 불광동과 수색에 새로운 서울의 신도시를 건설하는 계획에 착수했다. 당시의 신도시 건설 계획은 상당히 구체적이었다. 서울 외곽의 불광동 신도시에서 서울 중심의 종로 2가 화신백화점까지 지하철로 서울 시민들이 출퇴근할 수 있는 획기적인 신도시 개발계획을 만들어 낸 것이다. 그러나 이 계획은 1937년 시작된 중일전쟁으로 곧 중단되었다.

박흥식의 신도시 계획안이 다시 등장한 것은 25년이 지난 1962년이었다. 당시의 군사정부는 부정 축재 혐의자 제1호로 박흥식을 구속했다. 1961년 5월부터 7월까지 구속되었다가 풀려난 박흥식에게 군사정

기였지만 보험사 덕분에 더 좋은 기회를 만들 수 있었다. 그러나 상업과 유통의 귀재였던 박흥식도 각 분야에서 치밀하게 사업력을 발휘하며 치고 나오는 젊은 기업가 이병철에게 이미 조금씩 밀리고 있었다. 안국화재의 운영이 어려워지자 민병도는 당시 은행에 강한 영향력을 지니고 있던 삼성의 이병철에게 도움을 요청하자고 했지만 박흥식은 사업가적 자존심 때문에 내키지 않아 했다. 어쩔 수 없는 상황에서 찾아간 자리에서 이병철은 박흥식에게 안국화재를 자신에게 넘기라고 했다. 결국 1958년 손해보험사의 틀은 다 만들었지만 운영 자금난에 빠진 상황에서 안국화재보험은 삼성으로 넘어갔다. 당시 박흥식의 나이는 55세였고 이병철은 48세였다. 안국화재보험은 요즘 애니카로 잘 알려진 삼성화재로 이름이 바뀌었다.

부는 예상치 않은 제안을 했다. 수도 서울의 인구 증가에 대비한 새로운 신도시 개발을 민간 사업가의 지위에서 계획해 보라는 요청이었다. 1937년에 중단되었던 박흥식의 신도시 계획안을 누가 어떻게 알고 시작했는지 지금까지 명확하지 않지만 군사정부가 먼저 사업계획안을 제안한 것은 분명했다. 박흥식은 군사정부의 이런 제안을 듣고 집으로 돌아오면서 일생일대의 새로운 사업 기회가 자신에게 왔다고 생각했다.[5] 그의 계획은 정말 거침이 없었다. 과거 자신이 구상했던 서울 북부 불광 신도시 구상 시기와는 달리 DMZ가 그어진 관계로 박흥식은 1960년대 서울 남부의 한강 건너편에 방치되어 있던 경기도 시흥군 과천면과 신동면, 그리고 경기도 광주군 은주면과 중대면 일대의 2,400만 평(약 8,000만 평방미터) 공간에 관심을 갖고 여기에 신도시를 건설하는 것이 좋겠다고 제안했다. 아직 구체적인 계획안은 아니었지만 군사정부의 요청을 받은 지 얼마 안 되어 박흥식은 엄청난 신도시 사업 계획 구상을 만들어 낸 것이다.

1962년 제1차 경제개발 5개년계획의 시작과 함께 박흥식의 남서울 신도시 계획안은 불과 1년 사이에 상당 부분 구체화되었고, 당시 군사정부의 최고회의 의장이었던 박정희는 이 계획안을 적극 추진하라고 지시했다. 1963년 군사정부는 서울의 행정구역도 크게 확대했는데, 특히 한강 이남의 상당 부분이 서울로 편입되었으며, 이러한 행정구역 변경은 박흥식의 남서울신도시계획안과 깊이 연결되어 있었다. 서울

5) 이와 관련된 생생한 증언은 필자의 아버지로부터 직접 들은 바에 기초하고 있다. 당시 서울대 공대를 마치시고 취직한 곳이 바로 박흥식이 운영하던 회사였고 그 창립 멤버였기에 누구보다 신도시계획에 대한 당시의 상황을 정확히 기억하고 계셨다. 이미 팔순이 훨씬 넘으셨지만 당시 박흥식과의 만남과 밤늦게까지 이어진 대화를 소개할 때는 나이를 잊고 청년처럼 생생하게 말씀하셨다.

의 행정구역에 신규 편입된 경기도 시흥군 신동면(현 서초구 지역), 경기도 광주군 은주면(현 강남구 지역), 경기도 광주군 중대면(현 송파구)은 박흥식의 흥한도시관광 주식회사가 서울시에 제출한 남서울신도시

〈박흥식의 남서울신도시계획〉[6]

1. 구역 면적: 2,410만 평(약 8,000만 평방미터)
2. 사업지: 가. 영등포구 신동출장소 관내 일부 (경기도 시흥군 신동면→ 현 서초구 지역) 나. 성동구 은주출장소 / 송파출장소 관내 지역 (광주군 은주면→ 현 강남구 지역/ 광주군 중대면 →현 송파구 지역) 다. 경기도 시흥군 과천면 일원(현 과천시)
3. 사업비: 총사업비 270억 원(약 1억 달러)* 소요 자금: 약 150억 원(0.55억 달러) 가. 사업 기간: 11년 나. 현황(1963년 현재): 인구 19,380명(3,230가구) 다. 토지 이용계획 - 총면적: 2,410만 평(약 8,000만 평방미터) - 거주 가능 면적: 1,100만 평(약 3,660만 평방미터) 라. 기타 자금 조달 방법 - 국내 자금 15억 원(약 0.05억 달러)은 주식을 발행해 조달 - 외국 자금 135억 원(약 0.5억 달러)은 일본국 4개 회사로부터 도입 일본에서 정부 보증하에 외상으로 상품을 수입해 이를 매각해서 건설자금으로 충당하고 한국(흥한도시관광)에서는 일본에 매년 1천만 달러분의 해산물과 축산물을 12년간 수출해 상환

*) 1963년 낙후된 한국의 경제 여건을 감안해 당시의 총사업비 1억 달러를 현재 가치로 환산하면 약 200억에서 300억 달러 규모로 추정됨.

6) 손정목 교수의 1999년과 2002년 자료에서 관련 자료를 토대로 요약.

의 계획 범위에서 과천을 제외하면 대부분 일치하고 있다.

박흥식의 남서울신도시계획은 2,410만 평 면적에 총사업비 270억 원이 소요되는 엄청난 규모였다. 참고로 1963년 대한민국 1인당 국민

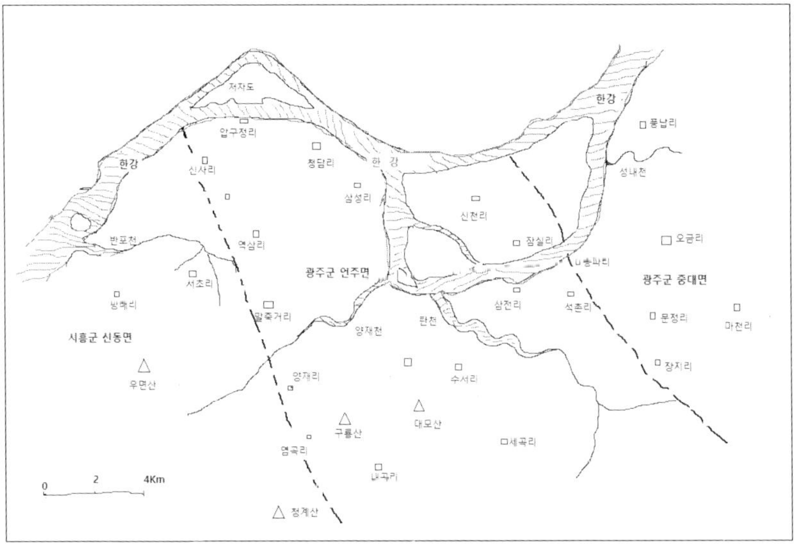

1960년대의 강남(신동면+언주면+중대면)[7)]

---

7) 서울에 편입될 당시의 강남 지역은 시흥군의 신동면, 광주군의 언주면과 중대면 일대였다. 현재의 압구정 근처에는 저자도라는 섬이 있었으며, 현재의 잠실과 신천은 여의도와 같은 큰 섬이었다. 강남이 개발되면서 저자도는 압구정 지구 공유수면 매립 개발로 사라졌고, 잠실과 송파 사이를 흐르던 큰 강도 메워져 지금의 송파구 석촌호수가 되었다. 최근 롯데그룹에서 석촌호수 옆에 건설한 100층이 넘는 건물의 입지도 1960년대 초까지 한강의 본류가 있던 주변이라고 하겠다. 또한 이곳에 롯데월드와 같은 대규모 오락단지와 상업시설이 건설되는 것도 결코 우연만은 아니다. 고려와 조선의 물류 중심지였던 송파나루터에서는 유명한 송파산대놀이가 벌어졌고 풍요로움 속에서 문화적 행사가 꽃피웠던 곳이기 때문이다. 송파나루터는 한강 물길을 따라서 강원도까지 내왕하면서 조선 후기까지 전국 최대 규모의 장터가 열렸던 곳이라고 한다. 이와 같이 롯데월드와 송파나루터는 역사적 유래 속에서 비슷한 맥락을 찾아볼 수 있지만 동시에 한강 본류였던 나루터 주변 지역의 지반인진싱에 깊은 우려감을 떨칠 수 없는 이유도 존재한다.

소득(GDP)은 142달러였다. 연간 소득이 4만 원이 안 되고 평균 월급이 3천 원밖에 안 되었던 시절이다. 박홍식의 남서울신도시계획을 오늘날의 경제 규모로 치면 총사업비 약 27조 원에 해당하는 규모였으며, 이명박 정부가 수행했던 4대강 사업의 규모를 넘어선다고 하겠다. 반세기 동안, 경제 규모가 1,000배 이상 엄청나게 커진 지금의 대한민국도 감히 시행하기 어려운 사업을 박홍식의 개인 회사가 수행한다는 것은 처음부터 할 수 없는 부분, 아니 해서는 안 되는 부분이었다. 특히 박홍식의 자금 조달 방법은 주로 일본에 의존하는 경향이 있어서 국민 정서상 또는 장기적 국가경제 발전 측면에서도 바람직하지 않았다. 박정희는 고민하지 않을 수 없었다. 1962년 전격적으로 10환을 1원으로 바꾸는 통화 개혁을 단행했으나 지하자금의 양성화 규모는 미미했고 당초 기대했던 유동자산의 산업자본화도 어려웠다. 박정희는 제1차 경제개발 5개년계획의 수립 등 열의에 차 있었으나 이를 수행할 국가 자본을 국내에서 찾는 것은 거의 불가능했다. 박홍식이 계획했던 남서울신도시는 더 이상 박홍식의 개인적 사업 수준에 머물러 있을 수 없었다. 국가의 경제 발전을 위한 투철한 의식에서 이제 군인이 아닌 국가적 대기업가로 변신한 박정희는 그 이전 어느 대통령도 할 수 없었던 중대한 결정을 내렸다. 박홍식의 개인적 사업계획은 이제 대통령 박정희의 국가발전계획의 중심으로 승격되었으며, 그것은 1965년부터 본격화되었다.

2. 월남 파병과 대통령의 강남 개발 전략

박정희는 이전의 국가수장들과 달랐으며 누구도 상상할 수 없었던 국가경제 발전을 위한 중대 결정을 했다. 박정희는 전 세계에서 돈을 빌리고자 했으며, 1964년 서독으로부터 차관을 도입하고 한일외교정상화 계획을 발표해 이듬해 기본조약에 조인하고 일본에서 일정한 자금도 받았다. 그러나 일본은 한국의 진정한 친구가 될 수 없었다. 패망했던 일본이 한국전쟁으로 부흥하고 미국에서 해방되었지만 일본은 결코 한국의 경제 발전을 돕고 싶지는 않았다. 단지 한국에 영향력을 증대하고 싶을 뿐이었다. 그래서 일본에서 받은 돈으로는 국가적 경제 개발계획을 추진하는 데 충분할 수 없었고 일본으로부터 받은 돈에는 여러 조건이 붙어 있었다. 한국은 경제 발전에 목말라 있었고 이를 해소하기 위해 상당 규모의 종잣돈, 즉 국가 발전자금이 필요했다. 그러나 그 누구도 돈을 선뜻 내주는 나라는 세계 어디에도 없었다(지금의 북한은 발전의 욕구도 강하고 전 세계에서 국가 발전을 위한 투자금을 받고 싶겠지만 쉽게 얻을 수 있는 자금은 거의 없을 것이다. 북한의 현재는 50년 전 당시의 한국과 비슷하다). 그리고 마침내 박정희는 1965년 중대 결심을 했다. 그것은 월남 파병이었다. 미국은 베트남전쟁에서 곤경에 처해 있었고 한국은 베트남 전쟁터로 한국의 젊은이를 파병하는 데 동의했다. 미국은 한국의 베트남 참전 대가로 '브라운 각서'를 공식 전달했는데 그 각서의 주요 내용은 이러하다.

브라운 각서의 주요 내용
-한국군의 모든 파병 비용은 미국이 부담하며, -베트남에서의 각종 건설사업과 용역사업에 한국 기업이 적극 참여하고, -한국군의 해외근무수당, 전사자와 사상자의 모든 보상금을 양국이 협의하여 한국에 충분히 지급할 것……

1965년부터 1973년까지 8년 동안 32만 명의 한국 젊은이들이 베트남의 사지에서 전투를 벌였으며 5,000명 이상이 전사했고 15,000명 이상이 부상을 당했다. 지금까지도 베트남전쟁의 상처와 후유증은 고엽제 피해자를 비롯해 곳곳에 남아 있다. 그렇지만 베트남에서의 젊은 생명과 그들의 고귀한 희생은 한국 경제 발전에 필요한 종잣돈, 즉 국가 발전자금을 마련할 수 있게 했다. 한국의 경제 성장에서 가장 중요했던 첫 번째가 무엇이냐고 누군가가 묻는다면 필자는 주저없이 베트남전쟁에서 피 흘린 젊은이라고 말할 것이다. 그리고 답하고 싶다. 국가의 경제 성장에도 결코 공짜나 무임 승차는 있을 수 없다는 것을……. 또한 베트남전쟁은 한국인에게 돈으로 계산할 수 없는 엄청난 실전 경험을 쌓게 했다. 군사적인 측면에서뿐만 아니라 그 실전 경험은 물류 운송과 건설 기술 등에서 획기적 발전을 가능하게 했기 때문이다. 만일 베트남전쟁이 아니었다면 지금의 현대건설이나 대한항공과 같은 기업은 등장할 수 없었을 것이다.

이제 박정희는 국가의 경제 발전을 위한 중요한 구상을 하나씩 꺼내어 제시할 수 있었다. 1965년 10월 국군 1개 전투사단을 월남에 파병한 직후, 제3한강교를 건설하겠다는 정부의 발표가 나왔다. 이것은 사실상 박흥식의 남서울신도시계획이 박정희의 국가적 큰 구상 가운데 하나로 편입되는 것을 의미한다. 박정희는 서울에서 부산을 연결하는 경부고속도로를 계획하고 있었고, 이를 위해서는 서울의 중심부에서 한강을 연결하는 남산터널과 새로운 한강다리를 필요로 했다. 강북의 서울 도심권과 전국을 긴밀하게 연결하는 새로운 지역(영동지구, 지금의 강남)이 등장하고, 이곳을 개발한다면 막대한 부를 창출할 수 있음을 박정희는 간파하고 있었다. 1965년 9월, 정부에서는 박흥식에게 남서울도시계획사업 실시계획 인가신청서를 자진 취하하라는 지시를 했다. 그리고 1966년, 서울시장이 남서울을 독자적으로 개발하겠다는 발표를 했다. 이로써 남서울신도시계획은 박정희의 경부고속도로 건설이라는 국가계획 속으로 편입되었고, 강남 개발에서 박흥식은 자취를 감추었다.

그런데 이 과정에서 빠뜨릴 수 없는 것이 현대건설 정주영의 등장이다. 박흥식이 남서울신도시계획을 추진하고 있었음에도 불구하고 정부는 현대건설이 은밀히 제출한 한강변 압구정지구 매립 계획을 검토하고 있었다. 동시에 현대건설은 정부가 건설 계획을 발표한 제3한강교의 건설회사로 이미 선정되어 있었다. 어느새 강남의 새로운 역사를 만들기 위한 정부의 시행 회사는 박흥식의 흥안도시관광이 아니라 정주영의 현대건설로 바뀐 것이다. 불과 몇 년 전, 박흥식은 안국화재보험을 삼성의 이병철에게 넘기면서(1958년), 대한민국 최고의 기업가 위치가 흔들거림을 느꼈을 것이다. 그런데 자신의 야심찬 남서울신도시계획이 현대의 정주영에게 넘어가는 것을 보면서 더욱 크게 낙심했을 것이다(1965년). 박흥식에게는 안타깝지만 그것은 자연스러운 시대적 변화에 따른 결과라고 보아야 할 것이다. 박흥식은 1930년부터 1960년대까지 주로 백화점과 유통업과 같은 상업자본 분야에서 뛰어난 기량을 발휘한 인물이기 때문이다. 1960년대 중반부터 본격화되는 대한민국의 새로운 산업자본화 과정에서 박흥식은 시대적 변화에 적합하지 않은 구세대의 인물이 되었다. 결국 산업자본에 적합한 새로운 젊은 기업가 이병철, 정주영과 벌였던 경쟁에서 박흥식은 밀릴 수밖에 없었고 한국의 시장(市場)은 삼성과 현대를 대한민국의 대표적 기업으로 발굴해 내기 시작했다.

〈박흥식, 이병철, 정주영의 관계도〉

1930년대~ 60년대 초기 (대표적 상업자본가)	[화신] 박흥식 (백화점, 무역업, 보험업, 전자 분야…… 신도시 개발, 건설 분야)	
1960년대~ 90년대 초기 (대표적 산업자본가)	[삼성] 이병철 (신세계백화점, 삼성물산, 안국화재, 삼성전자 등)	[현대] 정주영 (현대건설, 현대자동차, 현대조선 등)

박정희는 삼성과 현대와 같은 신흥 대기업의 자연스러운 출현을 막지 않았다. 물론 삼성에 대한 다소간의 정부 견제는 있었지만 1966년 사카린 밀수사건 등으로 위기 상황에 몰린 삼성에 대해 정부는 상당 부분 우호적이었다. 특히 현대건설의 정주영과 같이 뚝심 있는 인물을 박정희는 무척이나 반겨했다. 박정희가 생각하고 있던 국가경제 건설 사업에서 정주영은 박정희의 구상을 가장 빠르고 확실하게 눈으로 볼 수 있게 실천했다. 1967년 박정희는 대선공약으로 경부고속도로 건설을 내걸었다. 그의 구상에는 이미 서울의 중구에서 남산을 통과해 한강 건너편으로 길을 내고, 대전과 대구를 거쳐 부산까지 이어지는 국토의 대동맥을 머리에 그리고 있었다. 온갖 반대를 무릅쓰고 박정희는 하나하나 각각의 공정들을 꼼꼼히 살피며 도로와 교량을 건설했다. 경부고속도로는 1968년 2월 1일에 착공되었으며, 그 다음날 영동구획정리지구 시행 공고가 발표되었다. 서울 지역 한강 이남의 경부고속도로 건설 용지 9만여 평(길이 7킬로미터)을 재빨리 확보해야 했다. 박정희의 행보는 쉴 틈이 없었다. 해를 넘기기 전인 1968년 12월, 제3한강대교를 완성시킨 것이다. 경부고속도로의 시발점인 제3한강대교가 눈앞에 나타나면서 시장은 한강 남쪽의 영동 지역에 대한 관심을 증폭시켰다.

그런데 지금의 강남 지역을 이전에는 왜 영동 지역이라고 했을까? 알고 보면 그 이유는 앞서 언급한 바와 같이 아주 단순했다. 기존 1번 국도의 한강 이남에 위치한 영등포 일대의 동쪽이라는 뜻에서 영등포(永登浦)의 동쪽 지역, 이른바 영동(永東)지역이라고 부른 것이다. 지금의 영등포와 영동 지역 아니, 강남을 보면 격세지감을 느끼지만 개발 이전에는 제대로 된 이정표 하나 없는 시골 ㅇㅇ면 ㅇㅇ리의 허허벌판이던 강남이었다. 어쨌든 박정희는 군대를 진두지휘하듯 총연장 428킬로미터의 도로와 305개의 교량, 12개의 터널이 포함된 경부고속도로를 거의 야전사령관과 건설현장 소장을 방불케 할 정도로 뛰어다니며 건설했고 1970년 7월, 불과 2년 5개월 만에 완성시켰다. 그리고 당시의 한국 국민들은 산업화의 새로운 가능성을 눈으로 확인하면서 놀라워했다. 베트남전쟁에서 젊은이들이 피를 흘리고 있는 사이 국내에서는 새로운 역사가 매일 새롭게 써지고 획기적인 건설 기사가 신문 지면을 장식했다. 1970년 8월 15일 광복절을 기념해 남산 제1호 터널을 준공, 서울의 중구 예장동과 용산구의 한남동을 직선으로 연결했고, 제3한강교와 강남대로를 이어서 곧바로 경부고속도로에 올라서게 되었다. 이제 서울의 청와대에서 차를 타면 중구 예장동을 거쳐 남산터널을 통과하고 제3한강교에 도달하자마자 뻥 뚫린 강남대로를 따라 곧바로 경부고속도로에 진입할 수 있었다. 박정희는 한강의 기적을 향한 첫 번째 도전에 성공한 셈이었다.

3. 자본 없이 자본을 만드는 토지구획 정리사업

국가 자본이 거의 없었던 한국에서 서울 강남이라는 새로운 개발

지역은 국가 자본을 확대 재생산시킬 공간이었다. 그 가능성을 박정희는 간파하고 있었던 것이다. 이와 같은 식견은 정치인보다는 기업인으로서 그가 지닌 놀라운 역량을 증명해 주는 부분이다. 박정희의 국가 자본 증폭 과정에서 강남의 토지구획 정리사업은 핵심이었다.

1966년 새해가 시작되면서 본격적인 '강남 개발 구상', 이른바 남서울개발계획이 발표되었다. 사실 강남 지역은 강북의 시가지 중심에서 불과 5킬로미터 정도밖에 떨어져 있지 않았으나 남산과 한강이라는 자연적 경계선에 가로막혀 도심 진입이 어려웠다. 특히 한강이 주기적으로 범람하면서 강남 일대의 토지 지형물이 매년 바뀌었기 때문에 사람들이 거주하는 생활 공간으로는 부적합했다. 대신 배를 타고 한강만 건너면 바로 강북 지역이기 때문에 다양한 근교 농업이 발달되었던 곳이다.[8)]

어쨌든 1970년대 초기, 강남의 기반시설이 갖추어지면서 이제는 돈을 버는 일만 남았다.[9)] 사실 경부고속도로는 완성되었지만 그 엄청난

---

8) 1970년대 초까지도 지금의 강남 지역에는 논이 있었지만 침수가 빈번했던 까닭에 특히 참외밭이 많았다고 한다. 그런데 지금의 압구정 지역은 한명회의 유명한 정자가 있던 곳으로 지형이 꽤 높아서 거의 침수되지 않았던 곳인데 그래서인지 여기에는 배나무 밭이 넓게 자리 잡고 있었다. 한강변 인근 과수원에서 나오는 큰 배의 달콤한 맛은 참으로 일품이었다. 지금도 압구정 현대아파트 단지 내에는 띄엄띄엄 배나무가 심어져 있는데 그 배나무는 고층 아파트를 지으며 사라진 압구정 과수원의 유품 같은 것이다. 한편 고려 시대 때부터 송파나루터가 있던 석촌호수 주변은 매립되기 이전까지 중요한 한강 길이어서 전국에서 올라온 온갖 농산물이 거래되면서 붐비었던 곳이라고 한다. 그래서인지 오늘날 송파에는 전국에서 가장 규모가 큰 서울농수산물종합도매시장이 있고 인근에는 많은 인파가 몰려드는 롯데월드백화점이 있으며 그 옆으로 신천 지역의 화려한 밤 문화가 있다. 역사를 되짚어보면 오늘의 현재가 우연만은 아닌 것 같다.

9) 1966년 1월, 남서울개발계획 발표와 거의 동시에 제3한강교의 착공도 함께 시작되었다. 그렇지만 여기에 크게 관심을 갖고 있던 사람은 적었고 시장의 반응도 거의 없었으며 신문에서도 주목받는 사건으로 보도되지 않았다. 그런데 어쩌면 정부는 강남 개발 구상 발표와 제3한강교의 착공을 발표하면서도 지나친 시장의 관심은 의도적으로 피하려 했던 것으

건설 비용을 통행료로 징수하는 것에는 수십 년 이상 걸렸다고 한다. 심지어 어렵사리 완공된 남산 제1터널의 초기 통행료 수입은 너무 적어서 예산 낭비 사례로 정치권에서 비판받기까지 했다. 그러나 박정희는 돈을 어느 곳에서 벌어야 하는가를 이미 알고 있었다. 그것은 고속도로를 만들어서 걷는 통행료 수입이 아니었다. 만일 그런 생각을 한다면 그것은 하수(下手)의 생각이다. 박정희는 어느새 경제 분야의 고수(高手)가 되었으며 정부가 돈을 벌어들일 수 있는 곳으로 광대하게 펼쳐진 신천지 강남을 지목했다. 제3한강교의 남단을 경부고속도로의 기점으로 한다고 결정하면서 정부는 1968년 영동 토지구획 정리사업의 시행을 공고했다. 특히 구획정리사업은 개인의 토지소유권을 보장하면서 토지의 필지마다 정확한 계획을 먼저 적용시켜서 땅을 교환하는 환지(換地) 업무를 시행했다. 그래서 대체로 구획정리사업은 소규모

로 보인다. 왜냐하면 초기 단계의 모든 계획은 박정희 개인의 구상과 이를 구체화하기 위한 관료와 사업가의 도움만을 필요로 했기 때문이나. 어쩌면 박정희는 군 관계자를 통해 박흥식에세 남서울신도시계획안을 만들도록 했고, 서울시 관계자들을 통해 강남 개발 구상을 발표하게 했으며 현대건설로 하여금 제3한강교 건설에 참여하도록 했다. 각각의 사람들은 그것들이 어떤 관계를 갖고 있는지 몰랐겠지만 박정희의 머릿속에는 큰 구상이 이미 설정되어 있었고 제3한강교 착공은 큰 구상의 일부가 수면 위로 떠오른 것에 불과했다. 박정희는 박흥식이 세워 놓은 1963년의 남서울신도시계획안을 분명히 참고했을 것이며, 1964년 서독에서 돌아온 직후(독일의 아우토반을 본 이후), 경부고속도로의 건설계획도 구체화했을 것이고, 1965년 월남 파병으로 필요한 자금을 마련할 수 있게 되자 그 즉시 1966년 제3한강교를 짓기 시작했다. 그 누구도 일련의 상황들을 전체적으로 파악하지는 못했던 것이다. 오직 박정희만이 자신의 계획 일정을 알고 있었다. 1967년 경부고속도로 계획을 발표하면서 동시에 영동구획정리지구 시행 공고를 냈고, 1968년 경부고속도로를 착공했다. 1969년에는 제3한강교로 한강을 건널 수 있었으며 1970년에는 7월에는 경부고속도로가 완성되었고 8월에는 남산 제1터널이 완공되었다. 당시 대한민국의 상황에서 이렇게 규모가 큰 대규모 국책사업을 여러 사람이 협의해 진행할 수는 없었을 것이었다. 1인의 절대 권력자가 지닌 치밀한 계획과 실천 의지가 있어야 가능했던 사업이었다. 정부의 수많은 관계자와 전문가들이 직·간접으로 참여하고 각각의 사업들을 발표 및 실행했으나 궁극적으로 주인공은 대통령 박정희, 조연은 현대건설 정주영과 서울시장 정도였다고 봄이 타당할 것이다.

로 이루어지는 것이 일반적이었는데 강남의 경우에는 달랐다. 강남의 신시가지 개발을 위한 구획정리사업은 세계적으로 유례를 찾아보기 힘든 엄청나게 큰 규모의 광역 개발이었으며 지금의 서초, 강남, 송파에 이르는 서울 동남부의 방대한 미개발지를 정부의 큰 자본 투입 없이 개발 가능하게 한 사업이었다.

강남 개발에 적용된 토지구획 정리사업은 토지 수용의 경우와는 달리 정부의 공적 자금을 거의 필요로 하지 않았다. 토지 소유자들과 공공기관이 합작해서 도로와 같은 공공시설 비용을 지주에게 현물 투자의 형식으로 부담시켜 환지 작업을 하는데, 이 과정에서 여분의 토지를 공공기관이 확보해 매각하기 때문에 공공기관은 오히려 돈을 벌 수 있다. 따라서 토지구획 정리사업 방식의 핵심은 ① 개인의 토지 소유권은 그대로 유지하면서 ② 공공기관의 공적 권한에 의해 각 토지구획을 정리하고, 이 과정에서 발생하는 ③ 체비지(替費地)를 좋은 조건에서 매각하는 것에 있다. 체비지는 앞서 말한 바와 같이 땅을 구획 정리하면서 얻는 여분의 땅을 가리킨다. 토지 소유자로서는 구획 정리 과정에서 토지 면적이 줄지만 택지 또는 상업지로 자기 소유의 토지가 개발되어 좋고, 공공기관은 신규 재정 투입 없이도 낙후 지역의 공공 개발을 할 수 있어 좋다. 단지 매우 중요한 전제 조건이 있다. 그 지역이 향후 좋아져서 땅의 가치가 올라야 한다는 조건이 바로 그것이다. 땅값이 오르지 않으면 체비지의 매각 대금은 적어지고 공공시설을 짓는 자금도 부족할 수밖에 없기 때문이다. 그런데 이미 강남은 토지구획 정리사업을 하기 위한 매우 좋은 입지 조건을 갖추었다. 우선 땅값이 가장 저렴한 서울의 미개발지에 경부고속도로, 제3한강교, 남산 터널을 연결시켜 강남의 가치를 최고조로 높였기 때문이다.

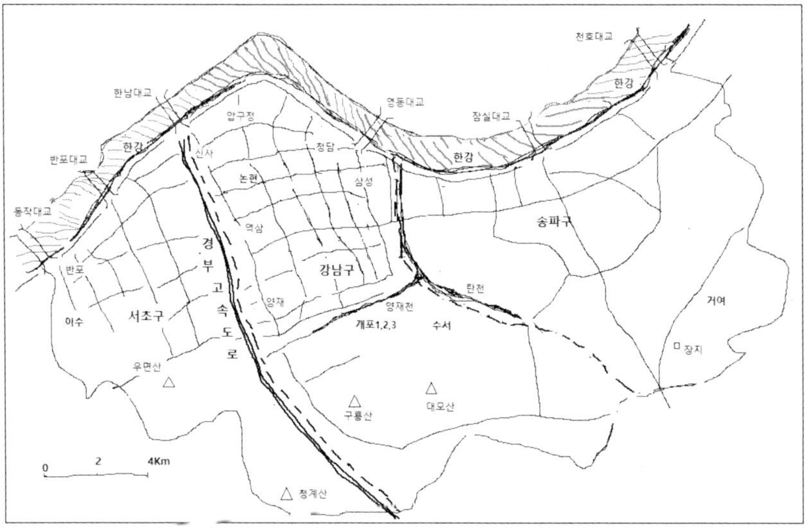

1980년대의 강남(서초+강남+송파)

사실 당시의 강남 지역 토지가격은 매우 쌌는데 월급쟁이 한 달 월급으로도 수백 평의 토지를 너끈히 살 정도였다. 그렇지만 박정희는 이곳을 정부의 힘으로 토지를 강제 수용하지 않았다. 일견 정부가 먼저 토지를 싼값에 수용하고 땅값이 오르면 시세 차익을 더 많이 볼 것이라는 생각도 할 수 있지만 박정희는 하수(下手)가 아니었다. 이미 고수(高手)가 되어 있었던 국가기업인 박정희는 시장의 힘을 이해하고 있었고 시장을 어떻게 하면 잘 이용할 수 있는가를 알고 있었다. 일반인들의 생각과는 달리 박정희는 시장의 큰 틀에서 보이지 않는 손으로 정부가 활동하는 것을 마다하지 않았다. 물론 이 과정에서 정부의 건설 관련 중요 인사가 자신의 개인 이름으로 강남 토지를 구매했다는 사실은 훗날 손정목의 기록이 없었다면 끝까지 소문으로만 남았을 내용이다.[10] 이른바 정부가 비공식적으로 시장의 보이지 않는 큰 손 역할까지 하면서 강남 개발을 선도한 것인데 정부의 이런 비공식적 노력이 없었다면 외국계 언론기자들이 조롱했듯이 경부고속도로 건설 이후 그 비용을 감당하지 못해 한국은 파산했을지도 모른다.

박정희는 정부의 힘에 의해 버려진 땅 강남을 황금의 땅으로 바꿀 수 있는 엄청난 조치를 취했다. 남산 터널과 제3한강교의 건설로 강남은 도심 연결망이 이전과 비교할 수 없을 정도로 좋아졌으며 경부고속도로의 서울 출발점이 되었다. 서울의 강남이 전국으로 향하는 경제와 물류의 핵심지가 된 것이다. 그럼에도 불구하고 강북에 비해 너무도 뒤처졌던 강남이기에 강남 개발이 순탄했던 것만은 아니었다. 여러 우여곡절을 겪으며 정부는 보이는 손(visible hand) 역할과 보이지 않는 손(invisible hand) 역할을 동시에 했는데 요즈음 같으면 상상할 수도 없는 일들이 많았다. 정부는 공식적으로 1970년부터 본격화된 강남 지역 토지구획 정리사업에 해당하는 광대한 면적을 효율적으로 개발하기 위해 영동제1지구, 영동제2지구, 잠실지구, 개포지구, 가락지구, 거여지구 등으로 사업을 진행했다. 토지구획 정리사업이 가장 먼저 시행된 영동 제1지구(서초구 일대)와 제2지구(강남구 일대)만 해도 개발 면적이 800만 평이 넘었으며, 넓은 도로 폭의 격자형 가로망을 구축하고 공원과 학교 등 공익적 공간을 확보해서 쾌적한 생활환경을 조성했다. 비공식적 정부의 역할은 너무도 다양해서 모든 것을 다 밝히기 어렵지만 다음 장에서는 강남이 개발되는 과정에서 있었던 뒷골목 이야기 가운데 몇 가지를 추려서 살펴보고자 한다.

---

10) 손정목. 강남개발계획의 전개: 제1.제2 영동지구 구획정리사업. 국토. 1999.2.

제5장

뒷골목에서 찾은 강남의 30년 스토리

1. 강남 제비와 신사동 카바레

잘사는 강남구도 그 속내를 보면 빛과 그림자로 대비된다. 강남구 인구 수는 약 60만 명이며 면적은 40평방킬로미터도 안 된다. 강원도의 춘천시(면적 1,116평방킬로미터)에 비해 강남구의 면적은 불과 3.5%도 안 되지만 인구 수는 두 배가 넘는 매우 조밀한 지역이다. 강남구는 인구가 폭증하자 1988년 초부터 서초구를 별도 분리시켰고, 현재는 14개 법정동과 22개 행정동으로 구성되어 있다. 법정동과 행정동은 이렇게 구분하면 좋다. 논현동은 법정동이고 논현1동, 논현2동은 행정동인 셈이다. 인구가 많아진 법정동은 행정동 단위로 다시 분할되기 때문이다. 어쨌든 조밀한 강남구에서도 범위를 좀 더 좁혀서 약 2만 명이 사는 면적 2평방킬로미터도 안 되는 강남구 신사동을 통해 흥미로운 강남의 빛과 그림자 이야기를 끄집어 내어보자.

어느새 희미해진 과거이지만 신사동의 뒷이야기를 파보면 전설 같은 강남 제비와 신사동 카바레 이야기가 나온다. 1970년대부터 강남이 본격 개발되면서 강북에서 제3한강교(지금의 한남대교)를 넘어서면 바로 나타나는 동네, 강남구 신사동이 생겼다. 그런데 언제부터인가 이곳이 밤마다 화려해지기 시작했는데 장바구니를 든 아주머니들이 버스 타고 강남에 내리면 으레 가는 곳이 신사동이었다고 한다. 왜 그랬을까? 당시 강남에는 변변한 시장이라고는 영동시장밖에 없었기 때문에 장바구니를 들고 멀리서 버스 타고 강남까지 올 일은 없었다. 이유는 신사동에 최신식 카바레가 많이 들어섰기 때문이었다. 그리고 1970년대 말, 혜성처럼 등장했던 혜은이가 부른 〈제3한강교〉는 당시의 야릇한 신사동 상황을 파격적인 가사로 표현했다. 한강 다리를 건너 새로운 강남의 신사동에서 격정적인 사랑을 나누고 내일은 쿨하게 떠나자는 그런 가사, 아마도 유신 시대의 어수선한 말기가 아니었다면 발표조차 될 수 없었던 그런 노래였다.

> ....어제 처음 만나서 사랑을 하고
> 우리들은 하나가 되었습니다.
> 이 밤이 새며는 첫차를 타고
> 이름 모를 거리로 떠나갈 거에요.
>
> 오오 뚜룻뚜룻뚜 하

강물은 흘러갑니다. 제3한강교 밑을
바다로 쉬지 않고 바다로 흘러만 갑니다.

왜 갑자기 1970년대 강남의 신사동에 대형 카바레와 유흥업소들이 몰려들었을까? 사실 정부는 심혈을 기울여 강남을 최고의 도시공간으로 만들 수 있는 모든 조치를 다 취했다. 하드웨어적 측면에서 보면 강북과 비교할 수 없을 정도였다. 그렇지만 여전히 1970년대 초의 강남은 한산했고 모래먼지를 풀풀 날리던 그런 곳이었다. 이에 비해 강북은 터져 나갈 듯이 비좁았지만 기존 상권이 강북을 떠날 모험을 감행할 수는 없었다. 정부는 드디어 극단적인 조치들을 취했다. 강북 지역의 서비스업 허가를 규제하기 시작한 것이다. 온갖 스타일의 규제로 강북의 사대문 안에는 백화점도 새로 지을 수 없었고 음식점 허가받기도 어려웠다. 특히 술집과 카바레는 강북에서 허가가 안 나오는 대표 업종이었다. 수시로 퇴폐업소 단속도 실시되었다. 강북과는 반대로 강남에는 각종 유흥업소의 신규 허가가 아주 쉬웠고 심지어 지원책까지 마련되었다. 사람들은 강북에서 한강을 건너자마자 제일 쉽게 찾을 수 있는 곳에 새로운 술집과 카바레를 차리기 시작했다. 신사동 대형 카바레의 시작은 정부의 강남 개발 정책과 밀접하게 관련되었으며 그 결과 신사동의 밤은 점점 더 환해지기 시작했다.

이렇게 성업했던 신사동의 화려한 카바레가 오늘날 신사동에서 가장 큰 성형외과 병원 건물로 바뀐 것은 시대의 흐름이다. 새로운 변화는 이미 1980년대부터 서서히 시작되고 있었던 것으로 기억된다. 어느 노부부가 옆 동네, 압구정동에서 아파트를 팔고 신사동의 한적한 길가로 이사를 왔다. 은퇴자들의 재테크 장소로 신사동 가로수길이 등장했을 때가 아마도 이와 비슷한 시기일 것이다. 가로수길은 강남구 신사역과 압구정역 사이에서 약간 어중간한 위치에 있어서 사람들의 발길이 뜸한 작은 길이었고 상권이 좀처럼 형성되지 않는 외진 거리였다. 그래서 이곳 지하에는 신사동 큰길 카바레에서 조용히 2차 코스로 애용되었던 작은 술집들이 싼 임대료를 내며 주로 밤에만 영업했다. 그래서 낮의 가로수길은 밤보다 더 한산했고 1층에는 문을 열었는지 닫았는지 잘 구분이 안 되는 상점들이 군데군데 있었으며 건물의 2층과 3층에는 대부분 사람들이 사는 주택이었다.

1980년대 초, 이미 압구정 로데오거리가 반짝이며 빛나는 길이 되었다면 신사동 가로수길은 어둡고 후미진 좁은 길이었다. 심은 지 얼마 안 되는 은행나무 가로수들이 장작처럼 꽂혀져 있던 당시, 가로수길은 조용한 주택가라고 하는 편이 나았다. 빈약하게 가로수를 이루고 있던 길이 진짜 은행나무 가로수길이 된 것은 그 어렸던 나무들이 자라서 제법 가로수 티가 난 이후가 될 것이다. 어쨌든 은퇴한 노부부는 자녀들을 모두 출가시키고 소일거리도 할 겸, 아래 1층에는 작은 가게를 만들어 임대하고 2층에는 주택을 만들어 살았다. 큰 기대 없이 사서 들어왔지만 나름 깔끔하게 건물을 관리했다. 당시 대출을 해 주었던 은행 직원의 말을 빌리면 노부부는 아파트를 매각한 자금에 약간의 은행 융자를 얻어 가로수길 상가 주택건물을 산 것이라고 한다. 아마도 은퇴한 사람들이라면 가장 희망하는 재테크 스타일이라고 하겠다. 지금도 은퇴를 목전에 두고 있는 월급쟁이들에게 장래 희망을 물어본다면 1층에는 커피 전문점, 2층에는 자신이 살 집을 만들어 사는 것이 최고의 꿈이라고 답하는 경우가 많을 것이다. 어쨌든 그 후 그 노부부는 어떻게 되었을까? 융자를 담당했던 고참 은행 직원은 신나게 말했다. 1980년대 초, 아파트를 팔고 은행 융자를 보태서 산 2층짜리 상가 주택건물이 88올림픽을 전후로 가치가 폭등했는데 1997년 외환위기 때에는 절반 값으로 다시 폭락했다고 한다. 그러나 2005년 이후 가로수길이 급작스럽게 유명세를 타면서 최근에는 수십억 원을 주고도 살 수 없는 곳으로 변했다고 한다. 은행 직원의 말을 빌리자면 그 노부부는 최상의 조건에서 집을 팔고 건물을 샀는데 정말 돈은 "따라가는게 아니라 따라오는 것 같아요"라고 했다. 물론 외환위기 당시 치솟았던 높은 금리의 은행 빚을 갚지 못했다면 아마도 그 상가주택 건물은 경매로 넘어갔겠지만 그 위기를 잘 극복한 노부부는 성공적 사례로 기록되었다. 노부부가 부자가 되어 얼마나 크게 행복했는지 여부는 알 수 없으나 가로수길을 둘러싼 노부부의 재테크 성공담은 은행 사람들에게는 두고두고 회자되는 부러운 이야기이다.

2. 강남의 땅부자 이야기

가로수길 노부부 이야기는 아주 작은 이야기이고 제대로 된 강남의 땅부자 이야기를 하자면 누구도 빼놓지 않고 지목하는 두 명의 인물이 있다. 김형목과 조봉구이다. 먼저 김형목은 '신용을 잃으면 모두를 잃는다'라는 좌우명을 지닌 함경도 북청 출신의 기업가였다. 삼덕제지 등 여러 사업을 했지만 특히 동대문에서 의류 부자재 등으로 1960년대 많은 돈을 벌었다. 김형목에게는 당시 남들이 하지 않는 특별한 재테크가 있었다고 한다. 돈이 모이는 대로 은행에 간 것이 아니라 한강에서 배를 타고 건너편으로 넘어가 땅을 산 것이다. 허허벌판에 가까운 당시의 강남 지역에서 특히 참외밭 인근의 많은 땅을 샀는데 30만 평에서 40만 평 정도였을 것으로 추정된다. 제3한강교 공사 이전에 주로 많이 샀는데 지금의 학동에서 선릉 일대의 땅이라고 하겠다. 이 지역의 당시 매매 가격은 평당 200원에서 300원 정도에 불과했고 총 자산 가치가 당시 돈 1억 원을 넘지 않았다. 만일 이 땅의 가치를 현재의 시세로 환산한다면 만 배 이상 증가해 조 단위를 넘을 것이다.

김형목이 강남구청을 세울 부지를 기증하면서 그의 땅은 강남의 중심지가 되었고, 금싸라기 넓은 땅 위에 최고 시설의 사립학교를 설립했다. 그 학교의 이름은 강남고등학교가 아닌 영동고등학교였다. 어쨌든 김형목은 강남구청 뒤에 해청아파트를 지었고, 청담동에 청실아파트와 홍실아파트를 지었다. 그리고 가장 좋은 요지에는 영동백화점을 지었다. 김형목의 강남 땅 일대는 참외밭에서 황금의 땅으로 변했으나 전성 시대는 그리 오래가지 않았다. 강남 최고의 땅부자였지만 영동백화점은 망했고, 뒤이어 그 땅과 건물을 인수한 나산백화점도 망해 흉물 같은 건물이 오랜 기간 방치되어 있었다. 강남 일대에서 가장 좋은 터이지만 땅의 기운이 너무 세다는 소문과 함께 그 땅은 김형목을 힘들게 했다. 최근에는 유명 대기업이 이곳을 인수해 고층건물을 세웠는데 그 대기업까지도 땅의 저주가 붙어 총수가 감옥에 가고 회사가 어렵게 되었다는 소문이 돌았다. 그래서일까. 지금도 구 영동백화점이 있던 그곳에 세워진 최신식 고층건물 입구에는 돌에 새겨진 글로 땅의 정령을 위로하고 있다. 참으로 촌스럽고 비이성적이지만 2011년에 새겨진 위지령비는 아직도 분명히 그 자리에 있다.

한편 김형목과 함께 유명한 강남의 땅부자로 조봉구를 지목할 수 있다. 1963년부터 1965년 사이에 지금의 역삼동과 도곡동 일대의 토지를 집중적으로 사들인 인물인데, 건설회사 삼호를 창업했고 강남에만

강남 중심에 있는 위지령비[1]

약 40만 평 이상을 소유하고 있있다고 한다. 지하철 2호선 역삼역 인근의 동광단지, 개나리아파트, 그리고 강남 여기저기에 흩어져 있던 삼호아파트와 삼호쇼핑센터는 대부분 조봉구의 땅에 조봉구의 삼호가 세운 곳이었다. 그는 1970년대 초기, 서울에서 현금이 가장 많은 인물로 통했으며 그 돈의 원천은 당연히 그가 소유한 강남땅이었다. 안타깝지만 무리한 사업 확장으로 1980년대 후반 삼호는 부도 처리되었고

1) "위지령비(The monument for the god of this land): 삼가 지극히 겸손한 마음으로 고하니 지령이시어 부디 하해와 같은 은덕을 베풀어 주소서…… 지령에게 심려를 끼침을 알면서도 사업을 번창시키고 인간이 보다 행복해지기 위해 이곳에 거소(居所)를 하였습니다……인간을 어여삐 여기시고 아름다운 복을 내려 주소서. 2011년 9월 30일." 위지령비를 세운 SK건설은 우연이겠지만 복을 받지는 못한 것 같다. 여러 가지 구설수에 오르면서 SK그룹은 최근까지도 비자금 문제 등으로 많은 어려움을 겪었기 때문이다.

영원할 것 같았던 그의 강남제국도 일순간에 사라졌다. 땅부자로 '훅' 하고 성장했지만, 마치 모래성처럼 한순간에 '휙'하고 사라졌다. 치열한 세상의 경쟁에서 운(運)으로 부자가 되었던 사람의 돈은 위기 상황에서 불어닥치는 불운(不運)을 견디지 못할 경우, 그가 벌었던 그 많던 돈은 먼지처럼 흩어져 버리는 것 같다. 강남에는 일약 땅부자로 졸지에 부자가 되었다는 '졸부(卒富)'로 통칭되던 사람도 많이 있었지만 시장의 요동치는 위기를 극복하지 못하면 결국 도태되었다.

강남개발계획이 수립되었고 한강 주변의 공유수면 매립과 토지구획 정리사업이 진행되면서 강남은 고급 시가지로서의 모습을 갖추기 시작했다. 맑은 날에는 먼지가 날리고 비가 오는 날에는 진흙탕이 되었던 과거 1960년대의 강남과 달랐다. 1970년대 초 남산 제1호 터널의 개통에 뒤이어 잠실대교와 영동대교가 준공되면서 강남과 강북의 도심은 더욱 긴밀하게 연결되었다. 한강이라는 자연 지형은 서울에서 강남을 외딴 지역으로 만드는 장애물이 아니었으며, 오히려 한강은 강남의 가치를 상승시키는 천혜의 자연 환경이 되었다. 그러나 스모그로 가득 찬 도심 지역에서 벗어난 쾌적하면서 편리한 공간으로 바뀐 강남도 1970년대 중동발 경제위기는 피해 갈 수 없었다. 강남의 토지구획 정리사업으로 주택을 지을 수 있는 공간은 충분히 마련되었으나 세계적인 경제 불황이 강남 개발을 가로막은 것이다. 이른바 중동발 오일 쇼크가 본격화되면서 부동산 경기는 얼어붙었고 강남의 토지 매매는 싸늘하게 식어갔다.2)

2) 요즈음의 강남을 보면 상상하기 힘들겠지만 1970년대 초, 정부는 강남의 토지 매매 불씨를 살리기 위해 온갖 정책적 수단을 강구했다. 우선 토지구획 정리사업으로 생겨난 논현동 체비지에 5층짜리 12개동의 공무원 아파트단지를 건립, 분양하기 시작했다. 정부는 뒤이어 1972년, 학동, 논현동, 삼성동, 청담동 등에 15개 거점 지역을 설정하고 시영주택단지를 건

이와 같이 1970년대 초기의 강남 개발은 경부고속도로와 제3한강교, 그리고 남산 터널의 완성으로 큰 그림은 잘 갖추어져 있었으나 국내 자본시장의 취약성과 오일 쇼크라는 외부적 요인에 의해 기대만큼 활발하지 못했다. 그럼에도 불구하고 정부의 적극적인 조치는 지속적으로 취해졌으며 그 과정에서 외부적 요인도 개선되면서 새로운 변화가 일어나기 시작했다. 그것은 대규모 아파트단지의 개발이었다. 한강변에 제방도로를 건설하면서 공유수면을 매립하는 과정에서 생긴 반포지구 매립지에는 1974년 주택공사에 의해 강남 최초로 대규모 아파트단지가 조성되었다. 그리고 제3한강교를 건설하는 과정에서 현대건설이 매립한 압구정 지구에는 저자도 섬이 없어지고 현대아파트단지가 세워지기 시작했다. 5층짜리 아파트가 아닌 엘리베이터 시설을 갖춘 당시로서는 고층 아파트에 해당하는 12층, 15층짜리 고급 아파트가 한강변에 건설되었다. 강남이 아파트 공화국이라고 일컬어질 수 있는 새로운 역사가 막을 올리기 시작한 것이다. 강남에서의 대규모 아파트단지 건설은 놀라울 정도로 빨리 진행되었다.[3)]

강남의 신시가지는 이렇게 고밀도의 주거 형태인 고층 아파트 주변에서 형성되었고 대형 백화점, 종합상가 건물들도 아파트 단지 주변에 건설되었다. 특히 강남 유인책의 하나로 명문 고등학교들이 대거 강남

설하고 분양했다. 버스의 노선망을 확충하고 각종 지원책을 적극 시행하면서 단독주택을 중심으로 서서히 시가지가 조성되기 시작했다. 그리고 간선도로 주변에는 중소형 상업시설도 생겨났는데 강남대로를 중심으로 형성되었으나 크게 활성화되지는 못했다.

3) 1976년부터 1983년에 걸쳐 강남에는 아파트가 우후죽순처럼 집중 건설되었고 반포, 압구정, 청담, 도곡, 이수, 잠실아파트지구가 지정되었다. 그 규모는 236만 평에 달했으며 토지구획정리와 환지가 완료된 서초, 반포에는 민간 건설업체들이 세운 고층 아파트로 가득 찼다. 특히 1978년 강남고속버스터미널 주변에는 신반포 아파트단지가 형성되었고, 잠실지구에는 13,000세대의 아파트로 채워졌다. 또한 방배와 대치 지역에도 대규모 아파트단지가 조성되면서 강남은 명실상부 아파트공화국으로 탈바꿈되었다.

으로 이전했다. 그것의 파급 효과는 정부가 예상한 것 이상으로 큰 것이었고 이른바 '강남 8학군'이라는 말까지 통용되었다. 교육기관의 이전을 계기로 강남은 드디어 뜨겁게 달구어지기 시작했는데 대표적인 서울 강북의 명문고였던 경기고등학교의 강남 이전은 의미가 각별했다. 1970년대 후반, 강남에는 강남대로, 도산대로, 언주로, 압구정로를 중심으로 새로운 병원과 문화 및 종교시설 등이 신설되었으며, 1980년대 들어 강남 지역에는 더 이상 대규모의 신규 택지를 찾을 수 없을 정도가 되었다. 그러나 계속되는 강남에 대한 수요는 일단 탄력을 받은 이상 멈추기도 어려웠다. 급증하는 주택 수요에 따라 강남구 개포지구가 택지개발 촉진지구로 지정되어 1981년부터 불과 2년여 기간 동안 1만 3천여 가구의 아파트가 지어졌고, 이후 양재천과 대치 사거리 주변에도 고층 아파트가 조밀하게 건설되어 은마아파트와 같은 대규모 아파트단지가 형성되었다.[4]

대규모 아파트단지가 건설되고 강남 신시가지의 주거 인구가 급증함에 따라서 상업 및 편의시설에 대한 수요자 중심의 시장적 요구도

4) 강남이 아파트공화국으로 변모한 것에는 세 가지 이해관계가 맞아떨어진 결과로 이해해 볼 수 있다. 첫 번째는 주택의 공급자인 건설업체의 입장에서이다. 본래 강남은 쾌적한 주거환경이라는 기치 하에 저밀도 시가지로 개발될 계획에서 출발했다. 그런데 고밀도 주거양식인 고층 아파트가 택지의 부족을 해결하면서 건설업체로서는 개발 이익을 극대화할 수 있었다. 두 번째로는 주택의 수요자인 시민들의 높아진 주거문화에 대한 욕구 충족에서 볼 수 있다. 엘리베이터를 아파트에 보편적으로 설치하면서 편리성을 높이고 조망권을 확대하고 중앙관리형 난방시설을 설치하면서 연탄을 사용했던 기존의 서민형 아파트와는 크게 대비되었기에 수요자들의 만족도를 높일 수 있었다. 세 번째로는 정부의 입장에서 경제성장과 강남의 지가 상승으로 정부의 성과를 눈으로 분명하게 보여 줌과 동시에 강남의 체비지 토지 매각으로 수익을 창출할 수 있는 부분이 커질 수 있었다. 정부는 1960년대 국가 재정을 통째로 털어서 투자한 고속도로와 교량 건설 등에 투입된 막대한 사회적 비용을 강남 지가의 상승으로 회수할 수 있었기 때문이다. 이와 같이 건설업체와 시민 그리고 정부의 이해관계가 합치되면서 강남의 주거 형태는 저밀도 단독주택이 아닌 고밀도 고층 아파트 중심으로 바뀌었다고 보면 크게 틀리지 않을 것이다.

경기고등학교 강남 이전(1976년)[5]

커졌다. 특히 서울이 올림픽 개최지로 확정되면서 강남 지역은 주거지뿐만 아니라 업무 중심지로도 발전하게 되는데 테헤란로, 언주로, 논현로 등 주요 간선도로변을 따라 대규모 오피스 빌딩들이 세워지게 되었다. 강남이 아파트공화국이면서 동시에 테헤란로와 같은 대표적인 상업 지역이 형성됨은 지하철 2호선과 3호선의 건설과 무관하지 않으며, 특히 88올림픽을 전후로 집중적인 정부의 지원책이 있었기에 가능했다. 강남은 시장에서의 공급자(건설사)와 수요자(시민)의 역할뿐만 아니라 정부의 보이지 않는 적극적 역할이 동시에 작동하는 공간이었다.

3. 요동쳤던 강남 부동산

강남에서 땅값이 급등하면서 졸지에 부자가 된 이른바 땅부자가 생

5) 서울의 강북 지역 종로구 화동에 있던 경기고는 강남 지역의 개발 촉진을 위해 1976년 강남구 삼성동으로 전격 이전했다(서울특별시 시정 자료).

겨났다. 어제까지 양재동에서 논밭을 일구며 살던 노인이 갑자기 돈벼락을 맞아서 생겨난 수많은 이야깃거리가 강남 부동산에서 양산되었다. 그러나 시장은 쉽게 돈 버는 것을 아주 싫어하기 때문에 가혹한 시험을 반드시 치러서 진정으로 그 사람이 부자가 될 자격이 있는가를 검증하는 경향이 있는 것 같다. 바로 그 시험의 시기는 아시아에 휘몰아친 대규모의 경제위기에서 비롯되었다. 마치 추위가 오기 전 마지막 늦더위가 오듯 한국의 인디언 서머(Indian Summer)는 1997년 외환위기 직전까지 부동산을 뜨겁게 달구었고 그 가운데서도 강남은 이른바 강남불패(江南不敗)를 외치며 장밋빛으로 가득 차 있었다. 그러나 냉혹한 시장의 시험은 정말 가혹해서 1997년까지의 강남 성공 사례를 피비린내 나는 처참한 강남 잔혹사로 일거에 바꾸어 놓았다.

지금은 강남구에서 서초구가 된 반포동 서래마을의 사례를 하나만 살펴보자. 서래마을은 1980년대부터 고급 빌라촌이 형성되었던 동네였다. 특히 1990년대 초부터는 자고 일어나면 단독주택이 사라지고 새롭게 고급 빌라들이 지어졌다. 서래마을에서 몽마르트 언덕으로 불리는 곳 인근에 은퇴한 노부부가 살고 있었는데 좀 낡은 집이었다. 할아버지는 동네에 프랑스 외국인학교가 생기면서 이를 염두에 두고 외국인용 임대주택을 목적으로 낡은 집을 허물고 4층짜리 4개 세대가 거주할 수 있는 대규모 고급 빌라를 지었다. 새집을 짓는 데 많은 돈이 필요해서 할아버지는 신축 빌라를 담보로 은행에서 융자를 받았다. 새로 지어진 빌라는 정말 좋았기 때문에 외국인들에게 비싼 값에 임대도 잘 되었다. 할아버지의 노후는 정말 걱정이 없어 보였고 탄탄대로처럼 보였다. 그런데 할아버지는 은행 융자 규모가 상당히 커서 외국인들에게 대부분 전세로 임대를 했다고 한다. 외국인들은 한국의 전세

제도를 참으로 신기하게 생각했다고 하는데 돈을 맡겼다가(외국의 deposit제도처럼) 나중에 되돌려 받는 조건으로 집을 임대할 수 있다고 하니 공짜로 집을 빌리는 것처럼 생각했던 것 같다. 어쨌든 할아버지는 은행 융자도 상당 부분 갚고 큰 빌라 4채도 지었으니 손해 볼 것이 없었다. 더욱이 외국인들은 전셋값을 달러로 지불했고 할아버지는 달러로 전세보증금을 받았는데 당시 한국의 원화가 강세로 나가는 추세였기에 잘하면 환차익을 볼 수 있을 것으로 예상했다.

그러나 예상은 빗나갔고 현실은 정반대의 결과로 나타났다. IMF 구제금융 체제에서 원화 가치는 절반 값으로 폭락했고 은행 이자는 연간 10퍼센트에서 20퍼센트를 넘어 30퍼센트까지 육박했다. 현금을 갖고 있는 사람에게는 엄청난 기회가 왔지만 부채를 안고 부동산을 샀던 사람들은 망했다. 외환위기 상황에서 외국계 기업은 철수했고 할아버지 집에 전세로 살던 외국인들도 임대 계약 기간을 연장하지 않았다. 할아버지는 외국인들에게 동일한 액수의 달러 기준 전세 임대보증금을 돌려줘야 했으나 그렇게 하기 힘들었다. 원화로 환산하면 받은 액수의 두 배를 거꾸로 돌려 주어야 했기 때문이다. 은행도 자기 먼저 살겠다고 아직 만기일이 되지 않았음에도 융자금 대출 상환 요구를 거세게 몰아붙였고 엄청난 이자율로 돈을 갚으라고 압박했다. 결국 노부부는 야밤에 짐을 싸서 집을 버린 채 총총히 사라졌다. 그 빌라의 전세임대보증금을 달러로 받아가려고 기다리던 외국인들과 주택건설비를 빌려주었던 은행은 그 고급 빌라 4채를 모두 경매에 부쳤고, 몇 번 유찰된 후 결국 본래 가격의 거의 절반 값으로 새로운 주인을 찾았다고 한다. 노부부는 풍족한 노후를 위해 투자했으나 모든 것을 잃어버린 채 쓸쓸히 그곳을 떠나야 했다.

한편 외환위기를 빠르게 벗어난 2000년대의 새로운 강남은 이전에 볼 수 없었던 새로운 구성원들을 맞이하게 된다. 경제위기의 쓰나미를 이겨내고 새로운 천년이라는 밀레니엄 버그에 대한 공포심도 사라지면서 강남에 살던 꽤 풍족한 집안 자제들이 조기 유학을 떠나기 시작한 것이다. 찬반 양론도 있었다. 유학생들 속에는 공부를 좋아하는 젊은이도 있었지만 끼가 많은 젊은이도 있었기 때문이다. 그들은 공부보다 노는 것을 좋아했지만 아주 재미있게 놀면서 남들을 즐겁게 하는 놀라운 재주가 있었다. 그 재주는 학교에서 배울 수 있는 그런 것이 아니고 매우 독창적이고 창의적인 작업이었다. 1977년생인 싸이, 본명 박재상과 같은 국제 가수를 예로 들 수 있다. 이렇게 2000년대의 강남은 창작의 공간들로 하루가 다르게 변해 갔다. 사람들은 강북의 충무로에서뿐만 아니라 강남의 신사동에서도 영화와 드라마를 만들기 시작했고 K-POP과 함께 한류를 만들어 내기 시작했다. 어느새 강남에는 청담동에서 압구정동 그리고 신사동으로 이어지는 한류 생산 기지가 구석구석에 자리 잡으며 문화적 창조 벨트를 형성하고 있다.

한류문화는 문화에만 그치지 않았다. 한국 드라마에서 나온 배우에 대한 그리움은 일본 아줌마들이 서울의 오래된 중심지 명동을 접수하게 했고, BB크림으로 대표되는 한국산 화장품을 여행 가방에 가득 담아가는 진풍경을 연출시켰다. 명동에서는 은행을 밀어내고 화장품가게가 폭발적으로 성업 중에 있다. 서울의 명동이 화장품으로 대표된다면 서울의 강남은 성형 관련 의료업체의 폭발로 연결되었다. 명동에 있던 성형외과들도 강남의 신사동과 압구정동, 청담동으로 이사 왔으며 피부과와 치과도 함께 성업 중이다. 한국의 서울에 왔다가 중국으로 돌아가는 여성 관광객 가운데 공항 출국장과 입국장에서 재확인을 받는 경우가 많다고 한다. 얼굴이 너무 예쁘게 바뀌어 시술을 해 준 병원에서는 'Before & After'를 증빙하는 서류를 별도로 만들어 주기까지 한다. 이제 아시아뿐만 아니라 중동 지역을 넘어 러시아와 유럽에서도 한국의 성형외과를 찾기 위해 방문하는 것은 더 이상 뉴스거리가 되지 않는다. 오히려 중국의 공영 매체에서는 제발 한국에서 그만 좀 성형 수술하라는 방송까지 하지만 그 열기를 식히지는 못하고 있다.

제 6 장

버려진 모래밭을 황금으로 바꾼 강남 스타일

강남 스타일은 화려해 보이지만 그 이면에는 결코 공짜란 없다는 냉혹함이 있다. 강남 스타일은 들떠 있는 것 같지만 지독할 정도로 치열하게 경쟁하고 이겨 내든지 아니면 물러서든지, 그도 저도 아니면 아예 경쟁 수준을 뛰어넘는 무엇을 만들어 내야 했다. 강남은 마치 배 나온 싸이가 죽을 듯이 땀을 흘리며 무대를 달구는 〈강남스타일〉처럼 다른 지역과의 경쟁 수준을 훨씬 뛰어넘는 그 무엇이 있다.

1. 목숨을 건 강남 스타일

만약 싸이의 〈강남스타일〉이 성공하지 못했다면 싸이는 사람들의 기억에서 사라져 버린 중년의 개그맨 같은 가수로 전락했을 것이다. 마지막으로 너무도 절실했던 싸이였지만 오히려 그의 〈강남스타일〉에는 넘치는 여유와 장난이 가득하다. 싸이의 〈강남스타일〉처럼 강남의 개발사를 보면 강남이 얼마나 치열하게 생존하기 위해 목숨을 걸었는가를 보게 된다. 앞서 언급한 바와 같이 강남이 개발될 수 있었던 종잣돈은 월남 파병에서 목숨을 팔아 번 돈으로 시작되었기 때문이다. 박흥식은 일본에서 자본을 들여와 구상무역을 통해 그 돈을 추후에 갚아나가는 방법을 생각했다. 그러나 박정희는 목숨을 걸었다. 자칫하면 불안정했던 정권을 아예 놓쳐버릴 수도 있었으나 목숨을 건 초강수 월남 파병을 선택한 것이다. 1965년 베트남전쟁에서 미국은 곤경에 처해 있었고 한국은 미국의 전쟁터로 한국의 젊은이를 파병할 것을 결정했다.

앞서 미국의 브라운 각서에서 살펴본 바와 같이 한국군의 모든 파병 비용을 미국이 부담하고, 베트남에서의 각종 건설 사업에 한국 기업이 적극 참여할 수 있게 하고, 전사자와 사상자의 모든 보상금을 한국에 지급하도록 약속했다. 어찌 보면 이런 엄청난 결정을 할 수 있는 정부가 세상에 과연 몇이나 있을까 반문하게 한다. 1990년대 초 영국에 갔을 때였다. 런던에서 (훗날 박지성이 축구선수로 뛰었던) 맨체스터로 가는 어느 기차간에서 만난 젊은 영국인과의 대화 속에서 한국을 비아냥거리며 들었던 말이다. "한국은 베트남전에서 미국의 값싼 용병 역할을 하지 않았느냐. 젊은이들 목숨 값으로 국가가 돈을 챙기지 않았느냐. 어떻게 너네는 국가적 자존심도 없느냐……." 당시 그 말을 들으면서 조금도 창피하지 않았다.

왜냐하면 "조선 시대 옛날 우리의 조상은 체면만 차리다 나라를 잃어버렸는데 이제 우리 대한민국은 젊은이들이 망했던 나라를 새롭게 일으키고 민주주의까지 쟁취했기 때문에 조상 덕에 잘살고 있는 너희 젊은 영국인보다 우리가 낫다"고 생각했기 때문이다. 그리고 한 마디 더 했다. "요즈음 한국은 미국을 잡느라 돈이 많이 든다. 미국이 툭하면 한국에서 군대를 철수하겠다는 말을 많이 하는데 미군의 한국 주둔을 위해 우리가 얼마나 많은 돈을 내고 있는지 너는 아느냐?"고 물었다. 그 영국인은 깜짝 놀라면서 "미군이 한국에 주둔하는데 왜 한국이 돈을 주느냐"고 했다. 오히려 "못사는 한국을 위해 미국이 돈을 내면서 한국에 미군을 주둔시키는 것이 아니냐?"라고 물었다. 이번에는 조금 더 의기양양하게 답해 주었다. "그야 미국의 경제 여건이 좋지 않음에도 불구하고 한국의 안보를 위해 미군이 주둔하니 고마워서……"라고 했다. 지금 와서 생각해 보아도 별반 틀린 이야기는 아닌 것 같다. 자기 조상 덕에 잘살고 있던 그 영국 청년의 표정에 묘한 변화가 있었던 것을 생각하면 약간의 쾌감도 있었다.

어쨌든 강남 스타일의 개발 방식이 성공한 데에는 월남전에서 고생한 우리의 할아버지, 아버지, 삼촌, 그리고 형님들이 아니었으면 불가능했다는 사실이다. 베트남에서 흘린 그 피의 대가로 국가 발전의 종잣돈이 만들어질 수 있었고 그 돈과 관련된 기술이 바로 지금의 경부고속도로를 만들 수 있었던 출발점이 되었기 때문이다. 만일 그 경부고속도로와 기술적 노하우를 갖춘 기업들이 없었다면 지금의 강남도 없었을 것이고 더욱이 강남 스타일도 없었을 것이다. 강남 개발이 없었다면 강남 스타일은 여름철 홍수 때마다 한강 상류에서 밀려 내려온 토사로 가득 찬 버려진 한강 남쪽의 '개흙으로 뒤덮인 논밭'을 일컫는, 그래서 비아냥거리며 내뱉는 표현 정도가 되지 않았을까 싶다.

2. 시장의 힘을 활용한 강남 스타일

강남 스타일에는 초기 단계, 정부의 결정적 역할이 있었음을 결코 부정할 수 없다. 그러나 1970년대 강남 개발이 본격화되면서 정부조차도 시장의 힘을 활용해 강남 개발을 했음은 주목할 부분이다. 경부고속도로와 제3한강교 그리고 남산 제1호 터널을 완성시킨 박정희에게 돈을 어디서 어떻게 벌어야 한다는 계획은 이미 머릿속에 그려져 있었던 것으로 보인다. 그곳은 바로 강남 지역 전체의 토지에 있었으며 경부고속도로 톨게이트에서 돈을 버는 것이 아니었다.

군사 쿠데타 직후인 1960년대 초까지만 해도 박정희 군사정부는 반시장적인 정책을 폈다. 우선 권력을 잡으면서 많은 경제인을 범죄인 취급했고, 급격한 화폐 개혁으로 시장을 혼란스럽게 했다. 그렇지만 불과 몇 년 사이에 박정희 정부는 이전의 어느 정부보다 시장을 잘 이해하고 어떻게 하면 시장을 활력 있게 만들 수 있는가를 간파했다. 박정희는 중요한 순간 기업가적 정신이 돋보이는 결정을 했으며, 그 누구도 감히 하기 어려운 과감한 돌파력으로 한계 상황을 극복했다. 서울에서 버려져 있던 그래서 개발의 잠재력이 가장 강할 수 있었던 강남의 문제를 정부 주도형 사업으로 돌파했다. 경부고속도로와 제3한강교 그리고 남산 터널을 연결하고 한강변 공유수면을 매립함으로써 반포에서 잠실에 이르는 지역을 최상급 입지 조건으로 바꾸었다. 그렇지만 박정희 정부는 강남 토지에 대한 강제 수용을 하지 않았다. 여기에서 강남 스타일과 만수대 스타일의 매우 중요한 차이를 발견할 수 있다. 강남의 좋은 입지 조건을 만들기 위해 국가의 경제력을 총동원하다시피 했으므로 정부는 당연히 그 개발 열매를 먼저 수확하기 위해 강남 지역을 강제 수용해 국유지로 만든 이후에 경부고속도로 등을 만들어야 했다. 그러나 그것은 정부 정책의 상식적 수준이었고, 만일 그랬다면 정부의 강남개발사업은 실패했을 것이다. 박정희는 반대의 역순으로 강남개발사업을 진행시켰다.

우선 정부가 강남에서 토지를 강제 수용한 곳은 강남에서 경부고속도로에 해당하는 공간에 한정되었을 뿐이었다. 정부는 강남 토지의 강제 수용 대신 토지구획 정리사업을 대규모로 벌였다. 앞서 말한 바와 같이 이 사업은 개인의 토지 소유권을 존중하는 것이고, 각 토지 구획을 정리하는 과정에서 발생하는 체비지(替費地)를 매각하여 도로와 공원 등의 공공시설을 만드는 방식이다. 정부는 체비지 땅을 정리하면서 그 가치를 높이기 위해 각종 조치도 취했다. 시장이 스스로 움직이게 정부도 보이지 않는 큰 손으로 개입했다. 지금에 와서 보면 전혀 상상이 안 되지만 1970년대 초만 해도 강남의 땅값은 잘 오르지 않았다는 것이다. 그래서 정부는 공무원들에게 아파트를 싸게 분양해 이사 가도록 종용했다. 강남의 신사동 인근에 위치한 논현동에 공무원아파트를 지어서 강남 지역을 선호할 수 있도록 한 것이다. 심지어 삼성동 인근의 대규모 토지에는 정부기관과 그 산하 공기업들이 입주하도록 독촉까지 했다.[1] 그래도 잘 안 되자 이번에는 오래된 전통의 강북 지역에

1) 2014년 공공기관의 지방 이전으로 강남구 삼성동 한국전력 본사 부지가 매각 대상으로 나왔다. 현대그룹과 삼성그룹이 이 땅을 차지하기 위해 경쟁했으며 결국 현대그룹은 강남구

백화점이나 유흥업소의 신규 허가를 규제했다.

그러나 정부의 강남에 대한 각종 정책은 기본적으로 시장을 보면서 이루어졌다. 시장이 힘이 없으면 시장의 힘을 강하게 끌어올리기 위한 적극적 조치들을 취했고, 시장이 너무 달아오르는 것 같으면 온갖 규제를 만들어 시장을 냉각시켰다. 정부가 전면에 나서서 강남 개발을 주도하지는 않았지만 기업들이 서로 뛰어들게 만들었다. 기업들이 들어와서 아파트를 짓고 건물을 짓고 백화점의 문을 열게 정책과 제도를 만들어 나갔던 것이다. 그러나 이 부분에서 반드시 짚고 갈 부분이 있다. 강남이 개발되는 과정에서 정부는 교묘하게 시장의 반응을 보면서 토지 가격이 쌀 때 토지를 대량 구입하고 반대로 토지 가격이 폭등하면 사두었던 토지를 비싼 값에 매각했던 부분이다. 시장을 활용한 강남의 지가 조작이 암묵적으로 정부의 보이지 않는 각종 지원 정책과 규제 정책으로 나타났기 때문이다. 그리고 이와 같은 시장의 움직임과 흐름을 정부는 적절하게 활용하면서 더 많은 자본을 축적할 수 있는 힘을 만들어 냈다. 이제 정부는 강남 개발을 위해 쏟아부었던 각종 개발 자금의 수십 수백 배 이상의 가치를 강남에서 거두어들였다. 그리고 이와 같은 강남 개발 과정에서 정부뿐만 아니라 민간 부문의 일반 개인부터 기업에 이르기까지 수많은 사람이 부자가 되었고, 강남은 중산층과 부유층이 집중적으로 거주하는 지역으로 변모했다.

1970년대와 1980년대 강남 지역에서 아파트 평수를 넓히기 위해 옮겨 다니는 이사 횟수는 빈번했으며 이사할 때마다 더 많은 돈을 벌 수

삼성동의 한국전력 부지(2만 4천 평)를 10조 원에 차지하게 되었다. 강남 개발 초기 단계에서는 땅이 팔리지 않아서 정부가 고육지책으로 상공부(지금의 코엑스 위치)와 한국전력을 거의 강제로 입주시켰던 골치 아팠던 강남의 삼성동 토지가 이제는 엄청난 가치를 지닌 금싸라기가 되어 한국의 대기업에게 매각된 것이다.

있다는 중산층의 희망은 끝이 없을 것만 같았다. 물론 1997년 경제위기를 겪으면서 강남의 아파트 신화도 꺾였고 이를 극복하는 과정에서 강인한 경제적 인내력도 필요했다. 어쩌면 이 부분도 만수대 스타일과 강남 스타일이 지닌 가장 큰 차이라고 할 수 있다. 만일 강남 개발 과정에서 당시의 박정희 정부가 시장을 중시하지 않고 강남의 개인 토지를 정부의 힘에 의해 강제 수용하고 여기에 강남의 도로와 시설물을 건설했다면 아마도 1970년대에 한국은 파산했을 것이다. 그러나 박정희 정부는 마치 눈에 보이지 않는 큰 손처럼 행동했다. 시장을 움직여서 강남의 토지 지가를 올렸다 내렸다 하며 경부고속도로 건설 등에 지불했던 막대한 규모의 공적 자금을 수십 수백 배 이상으로 거두어들였고, 화려한 강남으로 국가적 부를 축적한 것이다.

3. 위기와 기회가 있는 강남 스타일

강남 지역의 개발 과정에서 초기에는 정부의 관료들이 많은 이익을 챙길 수 있었다. 어느 지역이 우선적으로 개발될 것인지, 정부가 어떤 지원과 규제를 할 것인지를 정부에 있는 관료가 가장 잘 알고 있었기 때문이다. 동시에 권력을 잡고 있던 군부를 중심으로 상급직에 있던 고위급 군인들도 강남에서 많은 이익을 우선적으로 챙길 수 있었다. 이와 같은 개발 과정에서 많은 자금이 필요했고 그 자금을 조달하는 금융권의 사람들도 강남에서 좋은 기회를 잡을 수 있었다. 일단 은행에서 돈을 융자받아 아파트를 분양받아 두면 아파트의 가격이 계속 상승하면서 몇 년 사이에 큰 차익을 볼 수 있었기 때문이다. 마치 강남은 권력과 정보, 그리고 자본을 갖고 큰 게임을 벌이는 복마전 같은 양상을 보였다.

그렇지만 어느새 정부가 정상적으로 운영되면서 관료들의 특권이 약화되었고, 1987년 6월 이후에는 군부의 영향력도 빠르게 감소했다. 특히 1997년 경제위기 속에서는 관권 금융이라는 은행의 힘도 강남에서 급속히 약화되었다. 그리고 이와 같은 1987년의 민주화 과정과 1997년의 경제위기를 극복하면서 강남에는 새로운 공정한 경쟁 질서가 형성되기 시작했다. 정부를 좌지우지하는 권력자들이 더 이상 강남을 흔들기 어려운 상황이 된 것이다. 점차 공정한 규칙과 규정이 강남에 자리 잡기 시작한 것이다. 강남은 오랜 기간 권력집단과 밀접한 관계를 갖고 성장했기 때문에 여전히 보수적이지만 이제 강남에서는 권력보다 시장의 논리가 강하게 작용하고 있다. 사실상 강남 지역은 한국의 어느 곳보다 지역적 배타성이 적으며, 서울의 어느 곳보다 많은 기회의 균등성이 보장된다. 이것은 다른 말로 표현하면 정치적 공정성이 통하는 곳이라는 빈증이다. 동시에 강남에서의 공정한 기회는 돈과 자본을 버는 데 공정할 뿐 그 결과에서는 결코 공정하지 않음도 의미한다. 어제 잘나가던 사업이 망하면 오늘은 두말없이 사무실과 아파트를 내놓고 강남을 떠나야 한다. 1997년 경제위기 당시, 수없이 많은 과거의 권력자들이 무모한 그들의 경제적 능력 한계로 건물과 주택 그리고 토지를 강제 경매당했다. 물론 어떤 권력자는 경제적 판단력도 탁월해 계속 부를 축적했을 것이다.

능력이 있어서 강남에 좋은 아파트, 좋은 사무실을 얻는다면 많은 혜택과 편리함이 딸려 오지만 시장적 능력이 떨어지고 판단력도 약하면 즉시 퇴출되는 곳이 강남이다. 그래서 강남은 화려하지만 동시에 강남의 뒷골목에는 많은 어두움도 있다. 강남에 사는 승자(勝者)는 화려하겠지만 강남에 사는 패자(敗者)는 한없이 비참하다. 또한 강남에서 "내가 국회의원이요, 내가 장관이요, 내가 정치인이요"라고 하는 것은 별반 영향력을 주지 못한다. 오히려 "내가 유명한 카페의 사장이요, 내가 그 유명한 음식점의 주방장이요, 내가 그 잘나가는 미용실의 원장이요" 하는 것이 훨씬 큰 영향력을 갖게 한다. 그래서 강남은 과거에 그가 무엇을 했던 사람인지보다는 현재에 그가 얼마나 멋진 일을 하고 얼마나 매력적으로 돈을 벌어들이는가에 관심을 갖는다. 만수대 스타일과 비교할 때 강남 스타일은 권력보다 시장을 훨씬 더 좋아하는 곳이라고 하겠다.

제7장

프라하, 홍콩, 마카오에서 바라본 평양의 강남

서울의 강남과 평양의 만수대는 큰 차이가 있다. 단순한 발전 정도의 격차 문제보다 가치관과 의식의 차이가 더 크다. 그래서 여기에는 건너야 할 큰 강을 넘기 위한 작업이 필요하다. 단계별 변화 프로세스 과정 속에서 양극의 차이를 뛰어넘을 큰 징검다리가 필요하다는 것이다. 동시에 그 변화의 과정을 통해 강남과 만수대 모두를 넘어서는 새로운 차원의 강남-만수대 융합이라는 더 높은 혁신도 달성할 수 있을 것이다. 그 과제가 한반도에 살고 있는 남북한 우리 모두에게 부담스럽고 고통스러운 숙제이지만 동시에 신명나는 도전의 기회일 수 있다. 먼저 비행기를 타고 12시간 서쪽으로 가서 중앙유럽에 있는 체코공화

국의 수도, 프라하에서부터 출발해 보자.[1)]

1. 프라하의 쿠폰 경제

첫 번째 단계별 프로세스 과정을 설계하는 데 체코공화국의 프라하 경험은 중요한 교본이 될 수 있다. 일찍이 프라하의 봄은 1968년 1월 5일에 개혁파 공산주의자 둡체크(Alexander Dubček)가 집권하면서 시작된 바 있다.[2)] 그렇지만 안타깝게도 같은 해 8월 탱크를 앞세운 소련군의 프라하 침공으로 개혁은 중단되었으며 프라하의 봄은 실패했다. 프라하의 봄이 다시 시작된 것은 20년이 지난 1989년 11월에 시작된 부드러운 혁명, 이른바 프라하의 벨벳혁명(velvet revolution)에서 비롯되었다. 그리고 이듬해 1990년, 프라하의 봄은 바츨라프 광장에서 성공적으로 꽃피웠다. 20년 동안 은둔 생활을 했던 둡체크는 감격에 겨워 시민포럼의 지도자 하벨(Václav Havel)과 포옹했으며 새로운 프라하의 봄을 만들어 나갔다. 20세기 붉은 혁명이 휩쓴 유라시아 소련제국의 서쪽 끝 프라하에서 1991년 소련군이 철수하고 뒤이어 소련제국이 해체

1) 프라하의 혁신, 그리고 동아시아로 시야를 돌려 홍콩과 마카오의 사례를 소개하고자 한다. 말로만의 혁신이 아니라 구체적으로 이 정도는 되어야 단계별 변화의 프로세스 혁신이라고 할 사례를 제시하고자 한다. 꽉 막혀 있는 상황에서 아무도 생각하지 못했던, 그러나 해보면 결코 어렵지 않은 프라하와 홍콩 그리고 마카오의 사례는 강남 스타일과 만수대 스타일의 장단점을 각각 보완할 수 있는 중요한 징검다리 아이콘이 될 것으로 판단한다. 그러나 외국의 어떤 사례보다 강남-만수대 융합의 새로운 혁신을 위해 마카오의 숨겨진 보물을 새롭게 소개하지 않을 수 없다. 그 보물은 중국과 마카오를 오가는 밀물과 썰물 같은 엄청난 사람들의 흐름이다. 홍콩과는 다른 마카오의 새로운 변화는 한반도의 새로운 변화를 위해 꼭 참고할 징검다리이다.

2) 이와 관련된 자세한 내용은 평양과 프라하(김정훈, 2013)를 참조했으며 체코공화국의 혁신적 국가 자산의 대(對)국민 분배 방식 등에 대해 관련 내용을 발췌, 소개하고 있다.

되면서 프라하는 개방 국가로서 유럽에 복귀했다.

프라하의 벨벳혁명은 대부분의 국유재산을 국민들에게 평화롭게 분배하는 과정을 밟으면서 그 가치를 더했다. 여타의 체제 전환국들과 달리 체코공화국에서는 부(富)의 공정한 분배가 가능했으며 중산층이 폭넓게 형성되었고 정치적으로도 공산당과 사회당 그리고 보수당이 공존할 수 있는 다양성 있는 민주국가로 전환되었다. 물론 그 과정에서 아픈 시련도 있어서 체코와 슬로바키아가 부드럽게 분리하는 이른바 벨벳 이혼(velvet divorce)도 있었다. 그렇지만 지금까지도 체코와 슬로바키아는 서로 가장 가까운 친구이고 서로의 경계선이 무색할 정도이다. 분리된 체코공화국은 오랜 기간 대통령을 의회에서 간선제로 선출했으나 상당한 준비 기간(약 20년)을 거쳐서 2013년 직선제 방식으로

프라하 벨벳혁명(1989.11.17)의 시작 기념비

대통령선거가 시행되었다. 좌파 후보와 우파 후보가 각축전을 벌였고 전 국민이 시청하는 가운데 대통령 후보 간의 상호 공개토론이 있었으며, 투표 결과 좌파 대통령이 선출되었다. 그리고 각축을 벌였던 우파 후보는 외교부 장관으로 발탁되어 좌우가 공존하는 모습을 보이고 있다.

(1) 쿠폰 경제의 시작

프라하에서는 1990년 중앙집권적 사회주의 경제로부터 자유 시장에 근거한 자본주의 경제로의 유례가 없는 전광석화(電光石火) 같은 복귀 과정에서 이데올로기적 논쟁이 있었다. 그 가운데 하나가 '개인의 소유화 또는 사유화(privatization)' 문제였다. 1991년 1월 말에 상점, 식당 및 중소기업에 대한 공매(public auction)가 시작되어 1993년 12월까지 계속되었다. 1차 과정에서의 공매는 우선 외국인을 배제했고 판매 대상 기업의 현재 관리자들에게도 우선매수권을 주지 않았다. 러시아의 사례와 대비를 이루는 부분이다. 단순한 원칙이지만 외국인과 현 관리자의 공매 참여 제한은 매우 중요한 '사유화(私有化)의 원칙'으로 긍정적 평가를 받았다. 이렇게 해서 체코 지역에서는 총 3만 개의 상점 및 소규모 기업들이 320억 코루나(koruna: 체코의 화폐 단위, 당시 프라하의 월평균 근로자 급여는 1,000코루나 수준)에 매각되었다.

구매자들이 지하경제 자금으로 자산을 구입하는 것과 같은 문제들이 있었지만 큰 틀에서 작은 규모의 사유화는 상당히 성공적이었으며 오랜 기간 침체되어 있었던 서비스업에 숨통을 트이게 했다. 그러나 열띤 논쟁의 대상은 국가의 대규모 기업을 민영화하는 큰 규모의 사유화가 문제였다. 혁신경제의 기수였던 연방정부 재무혁신팀은 새로운 소유자를 가능한 빨리 찾아 주고 그 밖의 재분배 및 재산 축적 등은 시장의 이른바 보이지 않는 손에 맡기고자 했다. 그러나 프라하에는 지난 40년간 사유재산제도가 존재하지 않았기 때문에 매매의 표준적 방법, 예컨대 돈이 있는 구매자에게 재산을 매각하는 것으로 기업 사유화를 가능케 할 만큼 충분한 자본이 체코인에게 없었다. 그래서 재무혁신팀은 우선적으로 국영기업들의 가치와 운영권이 국민들에게 돌아갈 수 있도록 설계한 '국가재산의 대국민 분배 방안'으로 투자 바우처 또는 쿠폰(coupon) 경제 방식을 선택했다.

쿠폰 경제에 의한 분배 방법은 다음과 같다. 공화국의 모든 성인은 1,000 코루나의 운영 비용으로 쿠폰 장부 1개를 구매할 수 있게 했다. 일단 공짜로 분배한 것은 아니고 일정액을 부담함으로써 쿠폰식 분배 과정에 참여할 권리를 부여한 것이다. 그리고 자신의 선택에 따라서 매각 대상인 국영기업의 한 개 또는 그 이상의 기업에 투자하든지 혹은 뮤추얼 펀드에 자신의 쿠폰을 위탁 운영할 수 있도록 했다. 당시 프라하의 클라우스(Václav Klaus) 경제개혁팀은 이 방법으로 97퍼센트의 국유재산을 매각할 것을 제안했다. 이와 같은 투자 쿠폰 방식은 공화국 국민 대다수에게 국가의 공기업을 소유하고 분배받을 수 있게 함으로써 기본적 재산권을 형성할 수 있는 기회를 제공했다. 물론 외국인 투자자들은 쿠폰 게임에서 승리한 내국인으로부터 기업을 구매하는 것만 허용되었다. 쿠폰식 국가재산 분배 방식은 많은 국민으로부터 적극적인 지지를 받았다. 다소 차이는 있지만 과거 우리나라에서도 시행되었던 포항제철이나 한국전력과 같은 대규모 국영기업을 민영화하는 과정에서 어느 특정인이나 기업에게 회사를 매각하는 것이 아니라 국민 주주를 모십해 국민에게 국영회사의 소유권을 분배하는 방식과 비슷했다.

(2) 경제적 중산층을 형성시킨 쿠폰 경제

전체적으로 47퍼센트의 국유재산이 쿠폰 방식으로 개인들에게 분배되었고 13퍼센트는 국가에 의한 자발적 양도, 12퍼센트는 공매에 의한 매각, 그리고 27퍼센트의 재산은 1997년까지 국가가 보유했다. 프라하의 변화는 매우 복잡한 과정으로 일부는 성공적이었고 일부는 잘못되었다. 그러나 프라하의 쿠폰 방식에 의한 인민자본주의식 분배는 체코공화국에 두터운 중산층을 형성시키는 발판이 되었으며, 체코의 경제개혁과 개방에서 국민적 지지를 이끌어 내는 데 성공적이었다. 물론 프라하의 쿠폰경제는 새롭고 혁신적인 발상이어서 반대하는 사람도 많았다. 그렇지만 많은 공산국가들이 개혁과 개방을 진행하는 과정에서 경험했던 치명적 오류를 안전하게 피해 갈 수 있었다.

공산국가는 거의 모든 경제 자원을 국가 또는 공산당이 소유하고 있는 체제적 특성을 지니고 있다. 그래서 개혁과 개방으로 정치 체제가 전환될 경우, 국가 또는 당에 집중되었던 경제적 부가 소수 권력자에게 또다시 독점되는 사례가 많았다. 소련의 경우, 러시아로 재편되는 과정에서 국가 재산이 다수의 국민에게 합리적으로 분배되는 것이 아니라 소수의 정치인과 결탁된 신흥 재벌들에 집중되었다. 중국 역시 개혁과 개방 과정에서 대다수의 국민에게 국가 재산이 분배된 것이 아니라 소수의 공산당원과 이에 연계된 신흥 기업가들에게 국부가 집중되었다. 그 결과 중국의 양적 성장에도 불구하고 중국은 국내적으로 심각한 부익부 빈익빈의 문제가 사회적 문제로 야기되었으며, 이제는 정치적 시한폭탄처럼 그 위험성이 증폭되고 있다. 이와 같이 공산국가들이 체제 전환 과정에서 보였던 빈부 격차의 심화를 프라하는 쿠폰 경제 방식에 의해 사실상 선제적으로 피할 수 있었다. 이는 결코 가벼이 볼 대목이 아니다. 균등하게 국가 재산을 분배받은 다수의 체코 시민이 정치적으로도 매우 온건한 성향을 띠면서 사회를 안정적으로 발전시키는 부분에 대해 주목할 필요가 있다.

자신의 것을 소유한 대다수의 체코 시민은 과격한 정치적 변동을 원하지 않았으며 일부 과격한 정치 선동가들의 술수에도 잘 넘어가지 않았다. 왜냐하면 이미 체코 시민들은 당초 헐값의 국유재산을 분배받았지만 개방경제 하에서 가까운 장래에 그 재산적 가치가 증대할 것으로 예상했기 때문에 이를 지키고 키워 나갈 미래를 더 소중히 생각했다. 지금도 체코공화국은 여타 체제 전환국에 비해 빈부 격차가 심하지 않다. 큰 부자도 없지만 빈곤 계층도 적은 건실한 제조업 중심의 중부 유럽국가로 발전하고 있다. 독일계 자동차 공장뿐만 아니라 한국

프라하 바츨라프왕의 기마상

거꾸로 달린 말에 올라탄 바츨라프왕 기마상[3)]

계 자동차 공장도 체코에서 자동차를 생산하고 있다. 체코 노동자들의 생산성은 매우 높아서 인구 1천만임에도 불구하고 연간 1백만 대 이상의 자동차를 생산하고 있는 것으로 보고되고 있다. 부드러운 혁명, 프라하의 벨벳혁명을 혁명이 아닌 벨벳 혁신으로 이름짓고 싶은 것은 바로 쿠폰 경제에 의해 폭넓은 프라하의 경제적 중산층이 등장할 수 있었기 때문이다. 그래서 그것(경제적 중산층)을 가능하게 했던 프라하의 쿠폰 경제를 강남과 만수대의 차이를 건널 수 있는 첫 번째 혁신 징검다리로 제시하고자 한다.

3) 프라하 시민들이 가장 사랑하는 바츨라프왕의 기마상은 프라하의 봄을 상징하는 바츨라프 광장을 1917년부터 지키고 있다. 바츨라프 광장의 시장 내부로 들어서면 천장에 매달린 말 위에 올라탄 재미있는 바츨라프왕의 모습도 볼 수 있다. 우리나라로 비유하면 세종로 광장의 큰 의자에 앉아 있는 위엄 있는 세종대왕이 벌떡 일어나 양손에 의자를 들고 서 있는 것과 같은 모습인데 과연 우리는 이것을 용납할 수 있을까? 거꾸로 매달린 말에 올라탄 바츨라프왕의 모습을 보면서 프라하 시민들의 기발한 발상 전환을 엿보는 것 같았다.

2. 홍콩의 미드 레벨 에스컬레이터

우연을 가장한 필연처럼 보이는 역사의 전환점들이 있다. 21세기를 앞둔 1990년대 전후, 역사를 변화시킬 굵직한 사건들이 매년 있었다. 1988년, 모스크바와 로스앤젤레스에서 개최되었던 반쪽짜리 올림픽을 극복하고 드디어 12년 만에 자유국가와 공산국가를 모두 한 곳에 모일 수 있게 했다. 바로 서울올림픽 축제였다. 이념의 벽을 넘어서 남한의 수도 서울을 방문한 공산권 국가들의 시각에서 개방에 대한 욕구가 증폭되었으며, 1989년 중국의 천안문 사태, 독일의 베를린 장벽 붕괴, 그리고 프라하의 벨벳혁명으로 이어졌다. 1990년 독일은 자유선거를 통해 통일되었으며, 1991년 공산제국 소련이 해체되면서 20세기의 냉전은 종식되는 것 같아 보였다. 그러나 유럽의 급격한 변화와는 달리 아시아는 천안문 사태 이후, 중국 공산당의 독점적 지위가 그대로 유지되었으며, 1997년 홍콩은 영국에서 중국으로 반환되었다. 국제적 변동 시기였던 1987년부터 5년에 걸쳐 영국 정부에 의해 1993년 완성된 홍콩의 미드 레벨 에스컬레이터 건설 사례를 소개하고자 한다.

(1) 홍콩의 간단한 역사

일단 만주족이 건국한 청나라가 중국 대륙을 지배하고 있던 19세기부터 시작해 보자. 산업혁명으로 기세를 올리고 있던 영국이었지만 중국과의 무역에서는 심각한 적자에 시달렸다. 중국의 차(茶)와 도자기에 영국인들이 워낙 열광하고 있었기 때문이다. 영국 상인들은 무역 적자를 만회하기 위해 아편을 몰래 들여와 중국에서 팔기 시작했고, 중국인들은 아편에 중독되었다. 아편이 심각한 사회문제로 대두되자 중국 정부는 아편 수입 금지 조치를 단행했다. 기회를 노리고 있던 영국 상인들은 군사작전을 감행하도록 영국 정부를 움직였으며 영국은 제1차 아편전쟁을 일으켰고, 1941년 홍콩섬은 영국군에 의해 점령되었다. 그 후 영국은 홍콩섬을 난징(南京)조약에 의해 청나라로부터 정식 양도받아 이곳에 빅토리아 시티(Victoria City)를 건립했고 영국령 총독부도 세웠다. 이곳은 지금의 홍콩섬 센트럴 지역에 해당한다.

1860년, 중국은 또다시 영국에 패해 주룽(九龍)반도까지 베이징(北京)조약에 의해 넘기게 되었다. 우여곡절 끝에 1949년 공산국가로 변신한 중국은 영국으로부터 홍콩의 주권을 되찾는 조약을 1984년 체결하게 되었다. 이 조약으로 홍콩은 1997년 중국에 귀속되지만 이후에도 50년 동안 기존의 법체제와 자치권을 유지하는 특별행정구역으로 운영될

홍콩섬의 빌딩 숲

것임을 명시하고 있다. 1997년 7월 1일 자정을 기점으로 홍콩은 영국에서 중국으로 넘어갔다. 그런데 같은 해 아시아에서는 심각한 외환위기가 벌어졌고 한국도 큰 피해국이 되었다. 어쨌든 잠정적 유보 기간을 거쳐서 2047년 홍콩의 자치권이 소멸되어 홍콩이 중국 중앙정부의 직접 통치 하에 들어갈 수도 있다. 그런데 만일 그 때까지도 중국이 완전히 개방화되고 민주화되지 않는다면 홍콩의 운명은 어떤 변화를 겪을지 누구도 장담할 수 없다.[4]

(2) 떠나는 영국이 건설한 미드 레벨 에스컬레이터

영국 정부는 1997년 홍콩에서 떠나야 했다. 그런데 영국 정부는 홍콩섬의 중심지인 센트럴 주변의 심각한 도시교통 문제를 해결하기 위해 미화 3천만 달러의 거액을 투입해 1993년 미드 레벨(Mid Level) 에스컬레이터를 완성했다. 떠나기 4년 전에 거대한 에스컬레이터를 왜 영국은 홍콩에 건설했을까? 혹시 2047년 홍콩이 영국에 다시 돌아오기를 기대하면서 건설했을 수도 있다. 어쨌든 홍콩을 떠났다는 영국은 지금도 영국계 은행인 HSBC와 SC은행을 통해 홍콩에서 화폐를 발행하고 있다.[5] 더욱이 홍콩섬의 핵심 상업지구인 센트럴 지역에서 약 135미터의 고도를 올라가는 연장 길이가 약 800미터에 달하는 에스컬레이터를 타보면 뼛속까지 중국 사람인 경우에도 영국인의 정부 운영 방식에 기가 죽는다.

---

4) 이와 관련해서는 부록 1. 중화인민국화국 홍콩특별행정구 기본법을 참고할 필요가 있다.
5) 홍콩 화폐는 중국은행이 발권하지만 동시에 영국계 은행인 HSBC와 SC은행도 발권하고 있다. 우리나라의 상식으로는 중앙은행인 한국은행만이 화폐 발권력을 갖고 있지만 홍콩의 경우에는 홍콩 달러를 일정 요건을 갖춘 은행이 발권할 수 있게 규정하고 있다. 이와 관련해서는 중화인민국화국 홍콩특별행정구 기본법 제110조와 111조를 근거로 한다.

건설 초기에는 반대도 많았고 너무 비용이 많이 드는데 이런 사업을 떠나기 직전에 영국 정부가 홍콩을 위해 왜 해야 하는가를 반문하는 영국인들도 많았다고 한다. 차라리 도시문제로 곤란을 겪는 것이 낫지 않겠느냐는 속좁은 주장도 있었던 것 같다. 그렇지만 미드 레벨 에스컬레이터를 완성했던 영국의 홍콩 정부는 두고두고 홍콩인의 마음을 지금도 강하게 사로잡고 있다. 영국은 예정대로 1997년 떠났고, 지금 홍콩섬의 미드 레벨 에스컬레이터는 편리성을 넘어서 부를 창출하는 공공시설물이 되었다. 홍콩의 많은 시민은 중국인이면서도 영국의 식민지 정부를 긍정적으로 평가하고 있으며, 이는 2047년의 홍콩 역사를 좌우할 홍콩섬의 미드 레벨 지렛대로 작용할 수 있다.[6)]

홍콩섬의 미드 레벨 에스컬레이터(혼잡 지역에 설치된 "Outside the Box")

6) 2014년 10월 "센트럴을 점령하라!"라는 구호와 함께 1997년생 홍콩 반환둥이들이 주축이 되어 시작된 홍콩 민주화 시위가 격렬했다. 홍콩특별행정구 장관을 선출하는 방식을 둘러

(3) 미드 레벨과 소호(SOHO)거리의 탄생

미드 레벨에 특이한 에스컬레이터가 등장한 것은 홍콩섬의 지형적 특성에서 비롯된다. 1841년 영국군이 홍콩섬에 처음 세운 빅토리아 시티는 오늘날 홍콩의 최대 중심 지역인 센트럴 지역이고, 약 170년 동안 홍콩에서 가장 조밀하게 형성된 상업 지역인 동시에 주거 지역으로 변모했다. 이 지역은 전 세계에서 가장 조밀하게 상업공간과 주거공간이 밀집된 상태에서 동시다발적으로 저지대에서 고지대까지 도시가 위로 확산(urban sprawl)되었다. 명동에서부터 남산 언덕 중턱까지 계속 건물과 아파트가 건설되었다고 생각하면 이해하기 쉽다. 그래서 새로이 도로를 만들거나 확장하기 어려운 도시공간이 되어 버린 상태에서 영국의 홍콩 정부는 미드 레벨 지역의 심각한 교통 체증을 타파할 묘책을 찾고자 고심했다. 홍콩섬 최대의 상업지구인 센트럴과 인접해 있는 가파른 언덕인 미드 레벨에는 지그재그 식으로 연결하는 왕복 2차선의 좁은 도로가 전부였지만 도저히 그 많은 유동 인구와 차량을 감당할 수 없는 막다른 상황이었다. 통상적으로는 도로를 넓히거나 새로운 도로를 뚫는 방법을 생각하겠지만 황금보다 비싼 토지 가격으로 도로 건설용 토지 수용은 거의 불가능했다.

여기에 P&T 건축설계회사가 1987년 묘책을 제시했다. 그것은 "Outside

싼 의견 충돌은 사실 중국 정부로서 상당히 당혹스러운 현상이었을 것이다. 홍콩이라는 작은 섬의 모든 것을 차지하고 있는 중국 본토의 힘에도 불구하고 과거 영국 정부가 심어 놓았다는 지원 세력이 지금도 홍콩에 있음을 부인할 수 없었기 때문이다. 그것은 007 같은 영국의 공작원이 아니라 홍콩섬의 미드 레벨 에스컬레이터와 같은 영국 정부가 만들어 놓고 떠난 도심 시설물이었다. 시민들의 마음을 얻는다는 것은 거대한 무력과 강한 구호보다 각 시민들의 발걸음을 즐겁게 만드는 도시시설이다. 중국 정부도 이것을 결코 부정하거나 경시해서는 안 된다. 떠나는 영국 정부가 얼마나 홍콩인들의 마음을 잡아두기 위해 공을 들였는가는 또 다른 증거물로도 입증될 것이다.

the Box"였다. 지그재그 도로는 그대로 두고 아래쪽 센트럴과 지그재그 도로의 언덕 위쪽까지 직선형 야외 에스컬레이터 박스 통로를 만들자는 제안이었다. 1993년 10월 15일 미드 레벨 에스컬레이터가 완성될 때까지 참으로 많은 우여곡절이 있었다. 일단 예상보다 많은 재원이 소요되었다. 당시 미화 3천만 달러니 현재의 원화 가치로 계산해도 대략 330억 원 이상 든 셈이다. 20개의 에스컬레이터와 3개의 무빙 워크로 구성되어 연장 길이가 800미터에 달하고 135미터의 고도 차이를 연결하는 공사였다. 당초 이용 인구의 규모는 하루 평균 2만 7천 명이라고 예측했으나 처음에는 그렇게 많지 않았던 것 같다. 자체 감사 결과 미드 레벨은 정부의 예산을 낭비하는 세금 먹는 하마라고 비판받기도 했다. 그렇지만 미드 레벨 에스컬레이터의 운영 시스템을 조금씩 개선하면서 더 많은 사람이 이용하게 되었고, 운영 비용도 급격히 줄일 수 있었다. 지금은 매일 5만 5천 명 이상의 홍콩 시민과 관광객이 이용하고 있다고 하는데 미드 레벨의 혁신적 발상을 비판하던 볼멘소리는 모두 사라졌다고 한다. 최악의 미드 레벨 지역이 매력적인 도심지로 탈바꿈했기 때문이다.

(4) 혁신적 발상의 성과

센트럴에서 지그재그로 나 있는 도로를 미드 레벨 에스컬레이터에 의해 직선 방향으로 거슬러 올라가다 보면 다양한 거리를 한눈에 접하게 된다. 퀸스 로드(Queen's Road), 할리우드 로드(Hollywood Road), 셸리 스트리트(Shelly Street) 등 수많은 유명한 길을 지그재그가 아닌 에스컬레이터로 위에서 아래로 내려다볼 수 있다. 또한 중간중간의 교차점에서 에스컬레이터를 옮겨 타면서 보행자는 각 거리로 쉽게 접근해 진입할 수 있다. 유명 거리를 도보로 다 도는 것은 힘들지만 에스컬레이터와 무빙 워크를 이용하면 땀 빼지 않고 도시의 다양한 거리를 뛰어넘으며 맛볼 수 있다. 특히 요즈음 가장 인기 있는 거리는 단연 소호(SOHO)라고 한다. 소호거리는 애칭으로 할리우드 거리의 남쪽이라는 'South of Hollywood Road'의 첫 자를 따서 SOHO라고 이름을 붙이면서 더욱 유명한 거리로 거듭나게 되었다. 마치 뉴욕의 소호(SOHO)를 연상시키듯 홍콩의 소호(SOHO)는 어느새 뉴욕 이상의 매력을 발산하고 있다. 수많은 아기자기한 상점이 개성 있게 모이면서 새로운 홍콩섬의 매력 포인트가 된 것이다. 밤에는 더욱 뜨거운 모습으로 바뀌는데, 강남의 신사동 가로수길과 압구정 로데오길 이상으로 매력적인 거리라고 하겠다. 그렇지만 미드 레벨 에스컬레이터가 없었다면 아마도 홍콩의 소호거리 탄생은 불가능했을 것이다. 소호거리는 도보로 걸어서 올라가기에는 힘이 든 미드레벨 언덕의 중턱에 위치했기 때문이다.

홍콩섬 미드 레벨 에스컬레이터(연장 길이 800미터, 고도 135미터)

엄청난 비용을 들여야 미드 레벨 지역의 혼잡한 교통 문제를 해결할 상황에서 새로운 창의적 발상으로 적은 비용을 투입해 심각한 사회적 문제를 해결한 공공 부문의 혁신 사례이다. 또한 이와 같은 공공 부문의 역할이 시장에 부수적 효과, 즉 긍정적인 외부 효과를 창출함으로써 새로운 소호거리를 만들어 낸 것은 주목할 부분이다. 홍콩섬의 미드 레벨 에스컬레이터 건설 사례는 프라하의 쿠폰 경제에 이어서 만수대와 강남의 차이를 건널 수 있는 두 번째 징검다리로 제시하고자 한다.

3. 마카오 · 중국의 낙차 효과

프라하의 쿠폰 경제, 홍콩의 미드 레벨 에스컬레이터에 이어 마카오는 강남과 만수대, 만수대와 강남을 오갈 수 있는 혁신적 징검다리를 몰래 감추고 있는 곳이다. 홍콩섬에서 쾌속선을 타면 1시간 이내에 도착할 수 있는 마카오 반도는 중국의 광둥성(廣東省)에 연결되어 있다.[7] 마카오반도의 동쪽에는 광둥성에서 흘러나오는 주강(珠江)이 있고 서쪽에는 시강(西江)이 있으며 아래쪽으로는 남중국해로 접하고 있

7) 마카오의 역사는 중국 광둥(廣東)지역 남부에 1553년 포르투갈 선원들이 현지에 체류하면서 시작된다. 당시 포르투갈 사람들이 남중국해 해적 토벌을 도운 공을 명나라 황제가 치하하면서 마카오라는 작은 지역에 살 수 있게 허락했다는 설(說)과 단순히 돈을 내고 살 수 있게 되었다는 주장이 있다. 어쨌든 마카오는 홍콩과는 전혀 다른 방식, 이른바 전쟁이 아닌 합의에 의해 동양과 서양을 잇는 평화로운 교두보가 되었으며 홍콩이 세워지기 전까지 마카오는 중개 무역항구로서 포르투갈과 중국이 함께 번영하는 데 공헌했다. 그래서 중국으로 반환되는 협의 과정도 홍콩과는 달리 긴장 관계가 크지 않았으며, 약 450년이 지난 1999년 12월 20일 중국으로 자연스럽게 반환되었다. 현재의 마카오는 일국양제를 정한 기본법(중화인민국화국 마카오특별행정구 기본법)에 의해 2049년까지 현재와 같은 자본주의 체제를 지속하는 것을 보장받고 있다.

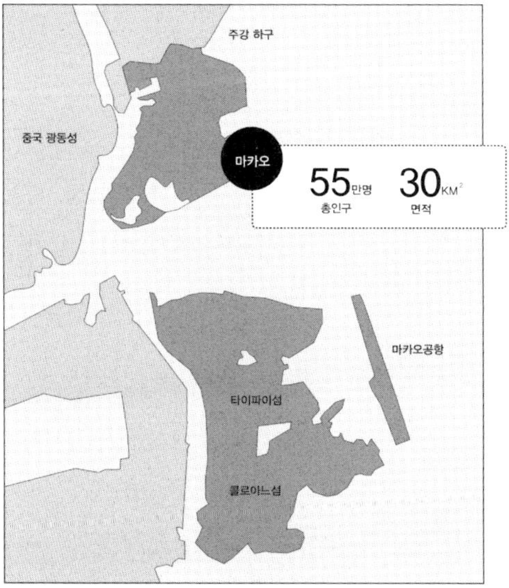

마카오의 지정학적 위치

는데, 반도의 남쪽에는 티이파이섬과 콜로아느섬이 있다. 이미 두 섬 사이는 상당 부분 해안 매립으로 메워져서 이제는 한 덩어리의 섬이 되었기 때문에 마카오는 반도 지역과 섬 지역으로 나누어 부르는 것이 편리하다. 마카오는 전체 면적이 약 30평방킬로미터에 불과해 서울의 강남구(약 40평방킬로미터)보다 작지만 인구는 약 55만 명으로 강남구(약 60만 명)와 비슷한 수준이다. 이 작은 마카오는 최근 전 세계의 주목을 받는 도시가 되고 있다. 미국의 CNN도 중국의 마카오와 미국의 라스베이거스를 비교하는 자료를 보도했다. 2013년도 기준으로 마카오는 라스베이거스의 매출 규모에 비해 9배에 달하는 450억 달러(약 50조 원)를 벌어들이고 있다는 것이다.

겉으로 보면 마카오가 라스베이거스처럼 도박도시로 보이지만 속내는 큰 차이가 있다. 중국의 광둥성 남부 지역과 선전(深圳) 지역을 비롯한 중국 전역에서 생산되는 제품들을 판매하는 국제전시장 역할을 톡톡히 하고 있기 때문이다. 마카오처럼 작은 도시가 도박 관련 시설이 아무리 잘 되어 있어도 미국 라스베이거스의 9배 매출 규모를 올리는 것은 사실상 불가능하다. 그렇지만 마카오의 국제전시장을 가보면 먼저 그 규모에 놀라고 뒤이어 중국에서 만들어진 그 수많은 상품을 전시하고 판매하며 이루어지는 중국 상인들과 전 세계 바이어들의 뜨거운 흥정 과정에 놀랄 것이다. 마카오의 도박시설은 전 세계 바이어들에게 중국이 베푸는 일종의 서비스인 셈이다.

이와 같은 맥락에서 마카오와 중국 본토를 연결시켜 주는 관문 지

마카오-중국의 입출경 현황판[8]

---

8) 오늘의 출경(87,995명), 입경(91,256명), 입출경자 합계(179,251명). 마카오 관문 전광판에는 마카오와 중국의 경계를 오가는 사람들의 출경 숫자와 입경 숫자 현황을 실시간으로 포르투갈어, 영어, 중국어로 바꾸어 전광판에 게시하고 있다. 마카오 관문의 입출경 규모는 한국 전체의 연간 출입국자 5,500만 명 규모보다 많다.

역인 관갑광장(關閘廣場)을 가보면 깜짝 놀랄 광경을 볼 수 있다. 하루에도 수십만 명의 중국인과 마카오인들이 관문 지역을 통과하는데 전광판에서는 당일 몇 사람이 출경하고 입경했는가를 보여 주고 있다. 현장 방문한 날이 평일이었음에도 불구하고 출경한 사람은 87,995명이었으며, 입경한 사람은 91,256명으로 하루에도 179,251명이 오갔음을 마카오 관문 지역 전광판은 실시간으로 보여 주고 있다. 엄청난 인구의 유동이 중국 본토와 마카오 사이의 관문 지역을 통해 일어나고 있다. 인구가 55만 명밖에 안 되는 마카오 지역에 매일 전체 인구의 1/3이 넘는 사람들이 넘나드는 바로 그곳에 마카오의 450억 달러 매출액의 비밀 열쇠가 있다.

(1) 한국의 전체 출입국자 수보다 많은 마카오-중국 관문 지역

마카오의 출입국자 수(입출경)가 하루에 약 18만 명이라는 것이 어떤 의미인가에 대해서는 한국의 관련 통계와 비교할 때 비로소 이해된다. 2013년 1년을 기준으로 한국의 출입국자 수는 총 5,500만 명을 넘어서 사상 최다 기록을 세웠고, 그 가운데 우리나라 국민이 55퍼센트이고 외국인이 45퍼센트였다고 법무부는 발표했다. 그런데 마카오에서 확인한 하루에 18만 명이 오갔다는 출입국자 수는 연간으로 환산했을 때 6,500만 명을 넘는 숫자이다. 한국의 강남구보다 작은 도시에서 한국 전체의 출입국자보다 더 많은 사람이 마카오와 중국을 평일에 오간 것이다. 물론 시기별로 차이가 있을 것이고 누가 중국인인지 누가 마카오 사람인지 구분할 수도 없었다. 단지 엄청나게 많은 사람이 이 작은 마카오 관문 지역을 넘나들며 상상할 수 없는 막강한 경제적 에너지를 생산하고 있음을 목격하고 확인했을 뿐이다.

마카오의 1인당 국민소득은 2005년 약 2만 달러 수준이었으나 2013년에는 10만 달러에 육박할 것으로 보이며 홍콩 국민소득의 두 배에 가깝다(미국 CIA 기준). 이런 추세라면 마카오의 국민소득은 세계 1위의 부국 카타르(석유 산유국)의 국민소득을 넘어서서 1인당 국민소득이 세계에서 가장 높은 지역이 될 것으로 예상된다. 그럼에도 불구하고 더 이상 내륙의 중국인들이 철조망을 넘어서 마카오로 넘어올 필요도 없으며 마카오 사람들이 중국으로 넘어가는 데 곤란할 것도 없다. 오직 돈을 벌고 더 많은 상품을 팔고 사며 카지노와 호텔업을 비롯한 온갖 종류의 사업을 위해 짐 보따리를 들고 뛰어다니는 중국인과 마카오 사람, 그들의 힘찬 활력을 발견할 뿐이다. 마카오의 관문 지역은 홍콩과 중국이 연결되어 있는 스산하고 삼엄한 기차역과 너무도 큰 대비를 이룬다. 더욱이 개성공단으로 들어가는 우리의 그 썰렁한 통관 지역과 비교할 때 너무도 다른 모습이다.

(2) 마카오와 중국의 낙차 효과

마카오의 관문을 통해 중국과 마카오는 서로 다른 양쪽의 격차를 충분히 활용하고 있음을 한반도의 남한과 북한은 주의깊에 보아야 한다. 서로의 강점과 약점을 보완하면서 서로의 차이를 오히려 적극 활용하는 낙차 효과(waterfall effect)를 남북한만큼 더 많이 만들어 낼 수 있는 지역이 세계 어디에 있는가를 묻지 않을 수 없다.[9] 마카오보다 소득 수준은 낮지만 활력 있는 중국의 제조업을 최대한 활용해 마카오의 발전 가능성을 높이면서 중국 전체를 위한 거대한 국가 에너지

9) 김정훈. "남북한의 경제적 낙차 효과를 활용한 '개성자유도시' 건설사업." 한국정책학회 춘계학술대회, 2014.

가 마카오라는 경제 발전소에서 솟구치고 있음을 남북한의 모든 사람은 보아야 한다. 마카오의 관문보다 훨씬 더 큰 낙차를 이용해 더욱 강력한 경제 발전 에너지를 생산, 남북 모두를 더 잘살 수 있게 할 수 있는데, 너무도 안타깝고 원통한 마음까지 드는 순간이다.[10] 그래서 마카오의 관문에서 일어나고 있는 중국과 마카오 사이의 경제적 낙차 효과를 새로운 강남과 만수대를 향하는 세 번째 징검다리로 제시하고자 한다.

마카오-중국 국경 출입국자들로 북새통을 있는 모습

10) 한국은 급속한 발전 이후에 상당 기간 답답한 답보 상태를 벗어나지 못하고 있다. 더 좋은 상품을 더 저렴한 값에 생산해야 하는데 중국에게 뒤쫓기고 있으며 여전히 일본의 기술과 자본에 눌려 있어 아직도 경제적 샌드위치(economic nutcracker) 상태를 벗어나지 못하고 있다. 또한 북한의 도발적 위험성으로 한국은 항시 Korea Discount를 감수하고 있다. 이제 한국의 국가적 발전을 위해서도 북한과의 경제 협력은 좀 더 창조적으로 CPR(Creative Process Revolution)해야 한다. 따라서 마카오의 관갑광장(關閘廣場), 관문에서 볼 수 있는 것처럼 한국과 북한의 경제적 격차를 소극적 위기로만 보지 말고 시장의 논리에서 적극적 기회로 만들어 남북한 상호간의 경제저 낙치 효과를 최내한 활용해아 한나. 중국은 1970년대와 1980년대의 한국식 경제 발전 경험을 면밀히 검토했고

마카오 관갑광장(關閘廣場)의 오래된 관문[11]

1990년대부터 정확히 벤치마킹했다. 그러나 한국은 중국도 한국과 같이 분단된 경험이 있는 국가라는 것을 잊고 있었다. 중국이 마카오에서 실행했던 경제적 낙차 효과를 정확히 이해하지 못하고 있다. 홍콩과 대만과 중국만을 주로 보았지 마카오와 중국 사이에서 어떤 일이 일어나고 있는지 잘 몰랐다. 중국은 한국으로부터 좋은 것을 다 배워 갔고 동시에 자신들이 더 잘하는 부분까지 마카오에서 찾아내면서 급속히 발전했다. 이제라도 늦지 않았다. 중국은 자신들이 중국과 마카오에서 올리고 있는 경제적 낙차 효과의 성과를 결코 크게 소문내지 않고 있다. 왜냐하면 한국이 북한과 함께 공동으로 경제적 낙차 효과를 극대화한다면 그것은 중국의 경제 발전에 가장 강력한 경쟁자를 만날 수 있는 구조를 갖추기 때문이다. 이제 우리 함께 강남과 만수대의 창조적 시너지, 남북한의 경제적 낙차 효과를 통한 한반도 경제 도약 프로젝트를 시작할 시기임을 강조한다.

11) 19세기 마카오에서 중국 대륙을 오가던 관문에는 포르투갈어가 적혀 있다. 이곳 관갑광장 가운데 위치한 관문 주변에는 엄청난 규모의 아파트단지로 빼곡하게 차 있는데 마카오와 중국의 교류가 얼마나 활발한지를 한눈에 입증시켜 준다. 약간 삼엄할 정도로 통제되어 있는 홍콩-중국 국경 지역과 대비를 이루고 있어서 상대적으로 마카오와 중국이 얼마나 유기적인 관계를 맺고 있는가를 보여 주는 현장 모습이기도 하다. 법적·제도적으로는 홍콩과 마카오 모두 일국양제를 적용받고 있으나 현실적 상황은 매우 달라 보였다. 홍콩이 중국으로 반환된 이후 홍콩 사람들은 정치적·경제적으로 불만이 높아졌고 영국의 정부가 오히려 나았다는 태도가 분명히 있었지만 마카오 사람들은 그렇지 않아 보였다. 이전의 포르투갈 정부가 나았다고 생각하는 사람은 매우 적어 보였으며 오히려 중국 정부가 훨씬 낫다고 생각하는 마카오 사람들이 많아서 이곳에서는 홍콩에서와 같은 "센트럴을 점령하라!"와 같은 반중국 시위는 거의 일어날 가능성이 없어 보였다.

제8장

평양 강남의 세 가지 융합 설계 방향

남북한이 자신의 전체를 비쳐볼 수 있는 거대한 거울이 있다면 얼마나 좋을까? 내부에서만 생각했던 서울 만수대와 평양 강남을 서로 비교해 보고 이를 더 낫게 혁신하고자 노력한다면 분명 만수대와 강남을 한 차원 뛰어넘을 분명한 혁신이 가능할 것이다. 그렇지만 혁신에는 용기가 필요하다. 새로운 변화를 향한 도전이 필요하기 때문이고 상당한 인내심이 필요하다. 어디를 어떻게 혁신할 것인가에 대해 외부적 의견과 내부적 자신의 생각을 조화롭게 맞추는 과정에서 갈등도 생기지만 잘 참고 견뎌야 한다. 그래서 평양 강남의 융합 설계는 결코 쉬운 과정은 아니지만 반대로 그 융합적 시너지는 상상을 초월할 정도로 거대할 수 있다. 프라하의 쿠폰 경제, 홍콩의 미드 레벨 에스컬레이터, 그리고 마카오·중국의 낙차 효과를 주요 징검다리로 평양과 강남의 융합 설계를 시작해 보고자 한다.

1. 쿠폰 경제와 돈(money)

프라하의 쿠폰 경제 사례에서 체제 전환국의 국가 재산과 돈이 개인에게 어떻게 분배되는 것이 좋은가를 살펴보았다. 평양 강남이라는 새로운 설계도면에서 재산과 돈은 가장 기본적인 종이와 연필 같은 기초 도구이다. 그런데 돈이 가짜라면 어떻게 되겠는가? 사람들은 위조 지폐라고 하면서 그 가짜 돈을 만들어 낸 사람을 감옥으로 보낼 것이다. 돈은 신뢰(credit)에서부터 시작된다. 신뢰가 형성되어 있다면 돈은 종이가 되었든 플라스틱이 되었든 상관없다. 만일 신뢰가 없다면 돈은 금이나 은과 같은 희소한 금속, 그래서 그 자체로 가치가 있고 신뢰성을 지닌 물질만으로 만들어져야 할 것이다. 세계적인 투자자 짐 로저스는 수백 개의 나라를 여행하면서 그 나라의 실제 경제 상황을 이해하는 데 가장 좋은 장소는 Money Exchange라는 간판을 붙인 '환전소'라고 한 적이 있다. 그는 일단 비행기에서 내려 입국장에 들어서면 공식 환전소가 있는데 가능한 소규모 액수만을 환전한다고 한다. 그 이유는 호텔에 도착한 후 시장에 나가면 비공식적으로 운영되는 암달러상에게서 더 높은 환율로 현지 화폐를 구매할 수 있기 때문이라는 것이다. 만일 암달러상에서 더 많은 현지 화폐로 환전할 수 있다면 그래서 암달러상이 공식 환율보다 높게 달러 가치를 쳐주는 순간, 짐 로저스는 "아, 이 나라의 경제는 체온이 높은 것을 보니 어디엔가 큰 병에 걸려 있구나"라고 판단한다는 것이다.

신뢰할 수 있는 국가에서는 공식 환전소와 암달러상 사이에 큰 차이가 없을 것이다. 결국 암달러상이 실직할 수밖에 없는 구조이다. 한국의 경우에도 달러가 귀했던 1970년대까지는 남대문 도깨비 시장에 암달러상이 활발히 활약해 공식 환율이 아닌 비공식 환율로 달러를 사고팔았다고 한다. 그렇지만 요즈음에는 그런 경우가 거의 없다. 물론 한국도 1997년 외환위기 상황에서 일시적으로 달러가 부족해 남대문 시장에 암달러상이 재등장했다는 소식도 있었는데 이내 곧 다시 사라졌다. 만약 짐 로저스 방식으로 국가 경제 진단을 한다면 1970년대까지의 한국과 1997년 당시의 한국은 국가 경제에 병이 들어 있던 시기라고 할 수 있다. 그런데 같은 방식으로 지금의 북한을 진단한다면 어떠할까? 일단 북한은 달러가 매우 부족하기 때문에 일반인들이 환전소에서 달러를 쉽게 사고팔기 어려울 것이고, 당연히 어디엔가 삼엄한 경찰의 감시망을 뚫고 암달러상들이 활동하고 있을 것이며, 달러의 공식 환율과 비공식 환율에는 엄청난 차이가 있을 것이다. 따라서 짐 로저스 방식의 북한 경제 진단은 정상적인 36.5도가 아니라 40도 이상의 고열에 시달리고 있다고 할 것이다. 결국 북한의 돈은 국제 사회에서 신뢰를 잃어버렸고, 그나마 2009년 화폐 개혁의 실패로 국내에서조차 북한의 돈은 신용을 잃었으며, 심각한 국가 경제 병에 시달리고 있음을 정확히 이해해야 한다.

앞서 강남에서 부동산으로 실패한 이야기 가운데 서초구 반포동 서래마을의 노부부 사례를 다시 되짚어 보자. 노부부는 사실 크게 잘못한 것이 없었고 열심히 노력해서 단독주택 1채를 고급빌라 4채로 만들었을 뿐이었다. 그러나 결정적으로 노부부는 외환 거래의 위험성을 생각하지 않았고 당시 유리했던 달러 기준으로 빌라를 임대, 그것도 목돈을 맡았다 내주는 전세 방식을 취했기 때문에 1997년 외환위기 속에서 실패를 겪었다. 그러나 만일 노부부가 본래의 계약서에 표기된 달러 기준의 임대 상환 조건에 대해 경제 상황이 바뀌었으므로 달러 기준이 아니라 원화 기준으로 바꾸어 지불하겠다고 주장한다면 어떻게 되었을까? 당연히 외국인 세입자는 돌려받을 돈이 원화일 경우 달러 대비 절반에 불과하므로 법원에 소송을 제기해서 달러 기준으로 보증금을 받게 해달라고 요구할 것이다. 그런데 이 때 법원이 노부부의 편을 들면서 외환위기 상황이니 원화로 돌려받고 손해는 외국인 세입자가 감수하라고 판결했다면 그 결과는 한국의 신용 등급 폭락과 한국의 국가 부도로 이어졌을 것이다. 신뢰는 단기적으로 불이익이 될 수 있다. 그렇지만 눈앞의 이익 때문에 근본을 붕괴시키는 잘못을 저질러서는 안 된다.

이번에는 강남에서 뜬 신사동 가로수길의 사례를 되짚어 보자. 신사동의 가로수길은 1997년 외환위기 이후 가게 임대료가 폭락하면서 몰려든 수많은 실직자의 땀과 노력으로 그 이후 부동산 가치가 급속히 높아지고 아이러니하게도 다시금 임대료가 상승했다. 그런데 만일 정부가 이 지역의 임대료가 상승하고 땅값도 너무 올랐으니 그 부작용을 최소화하기 위해 토지를 강제 수용하고 국가의 소유로 바꾸어 버린다면 어떻게 되었을 것인가 생각해 보자. 다시는 새로운 가로수길이 등장할 수 없을 것이며 가로수길은 우연한 사건으로 끝났을 것이다. 그러나 다행히도 한국에서 그런 일은 없었으며, 그렇기 때문에 지금도 어디에선가 새로운 제2, 제3의 가로수길은 계속 등장할 수 있다. 거슬러 올라가 보면 17세기, 영국에서는 개인의 재산권을 보장했기에 산업혁명이 일어날 수 있었고, 그런 개인의 재산권을 사회의 모든 구성원이 함께 지킬 수 있는 제도가 명예혁명 이후 확립되었기 때문에 산업혁명도 가능했다고 하겠다. 만일 18세기 와트(James Watt)가 자신의 고된 노력으로 만들어 낸 성능 좋은 증기기관을 국가의 것으로 바쳐야 했다면 산업혁명은 혁명이 아닌 작은 사건으로 끝났을 것이 분명하다. 명예혁명의 설계자 로크(John Locke)는 인간의 노동이 지닌 신성성과 그 고귀한 노동은 왕이나 귀족의 것이 아닌 바로 자신의 소유라는 것을 일반 국민에게 알렸고, 그래서 영국의 국민들은 세계의 각 지역에 목숨을 걸고 진출해 영국의 국기를 꽂았다. 프라하의 쿠폰 경제도 그 속에 흐르는 물줄기는 단순하지만 매우 큰 엄청난 힘을 지니고 있다. 국가는 그동안 맡아왔던 국가 재산을 공정한 방식으로 대다수에게 분배함으로써 각 개인들은 자신의 소유권을 지켜야 한다는 생각과 행동을 보여 주게 되었고, 그것은 체제 전환국 체코공화국을 안정된 민주주의 국가로 전환시켰다.

개인들 모두가 평등하고 각자 모두가 소중함을 만수대는 인정해야 한다. 개인적 노동 결과물에 대한 소유권은 국가에 있는 것이 아니라 바로 개인 자신에게 있음도 만수대는 인정해야 한다. 서울의 만수대뿐만 아니라 평양의 만수대도 마찬가지이다. 국민들 각자의 땀 흘린 노동의 결과로 이루어진 그 고귀한 세금이 정부에 있는 누군가에 의해 낭비된다면 정부에 있는 그 사람은 반드시 사라져야 한다. 반대로 서울의 강남뿐만 아니라 평양의 강남에 정말 목숨 걸고 열심히 노력하고 근면 성실하게 노동하는 사람에 대해서는 그 사람이 성공할 수 있도록 사회 구조가 올바르게 구성되어야 한다. 성실한 노동의 결과를 모두 함께 존중해 주어야 한다는 것이다. 개인 존재에 대한 소중함과 각 개인의 노동 결과를 공정하게 사회가 인정하고 그것이 제도적으로 보장되었을 때, 세상은 변한다는 것이다. 세상의 모든 사람은 모두 다 귀하고 존엄한 존재라는 것을 이해하고 사회가 공통적으로 이에 동의했을 때, 농업사회가 아닌 산업사회로 진화할 수 있고 정보사회로 진입할 수 있었다. 18세기 영국에서는 혁신적인 노력에 의해 새로운 방직기계와 증기 기차가 만들어졌으며, 19세기 미국에서는 노예를 해방하고 산업사회로 진입했으며, 20세기 한국은 월남전에서 용병 역할을 한다는 비난을 받으면서도 악착같이 기술을 배우고 돈을 모아 빈곤을 탈피했다. 외환 변동의 위험성을 이해하지 못했던 서래마을의 노부부는 망했고, 망했던 사람들은 다시 임대료가 폭락한 가로수길에 모여서 목숨을 걸고 재기하는 과정을 경험했다. 돈이 지니고 있는 신뢰의 절대성과 그것의 가능성을 동시에 보아야 한다. 돈은 각 개인의 노동과 희생을 모두 함께 존중하고 신뢰하는 사회에서 통용될 수 있는 '약속의 증표(promissory note)'임을 망각해서는 안 된다.

2. 미드 레벨 에스컬레이터와 시장(market)

영국계 홍콩 정부의 혁신적 사례(미드 레벨 에스컬레이터 건설 사례)가 홍콩이라는 결코 작지 않은 시장 구조에 어떤 영향을 주었는가를 살펴본 바 있다. 시장에 대한 현실 파악은 감정적 판단에서 나오는 것은 결코 아니다. 서울 만수대와 평양 만수대, 양측 모두 공공 부문에서의 많은 문제점을 드러내고 있지만 이를 보완할 시장의 중요성을 간과해서는 안 된다. 이미 주지하다시피 평양의 강남은 1960년대 서울의 버려진 땅 강남처럼 지금까지 그대로 방치되어 있다. 공공 부문으로서의 평양 만수대는 서울 만수대에 비해 공공 부문 측면에서 뛰어난 부분이 분명 있다. 취약한 국가 재정에도 불구하고 북한의 군사력 증강은 남한의 그것에 결코 뒤지지 않기 때문이다. 그렇지만 시장이라는 부문에서 본다면, 즉 평양 강남과 서울 강남의 시각에서 본다면 북한은 왜곡될 정도로 부실하다. 2002년 7월 1일의 7·1경제관리 개선 조치로 시장 경제 기능을 일부 도입한 북한식 경제 개혁 조치는 북한의 잠재적 가능성을 보여 준 긍정적 조치였다. 경제의 분권화와 화폐 거래의 활성화 성과로 주민들 가운데 일부가 부(富)를 축적하기 시작했기 때문이다. 그런데 북한 시장의 성장과 확대를 좋게 보지 않았던 평양 만수대는 평양 강남의 등장을 과도하게 막아섰다. 더욱이 2009년 실시된 북한의 화폐 개혁은 큰 부작용만을 낳았다. 물론 북한 정부는 치밀하게 계획된 중앙집권적 경제 운용 체제로 성공적 결과를 가져왔던 1980년대까지의 경험을 잊고 싶지 않을 것이다. 그러나 이미 경직된 관료 체제로 인해 비효율성이 증가되고 반대로 개인들의 자유분방한 활력은 심각히 낮아진 현실을 보지 못한 결과, 개혁(改革)은 개악(改惡)이 될 수밖에 없었다.[1)]

홍콩섬에서도 가장 땅값이 비싼 홍콩 중심지의 금융거리를 다시금 살펴보자. 사진에서 보면 가운데 작은 건물이 옛날 중국은행(Bank of China)이었음을 아는 사람이 의외로 많지 않을 것이다. 거대하게 치솟

1) 경직된 관료 체제와 관련해 서울 강남의 가로수길도 다시 살펴보자. 정부의 적극적인 강남 개발 이후에도 신사동의 가로수길은 외지고 볼품없는 강남 속의 그림자와 같은 곳이었다. 지하철의 역세권에 의한 편리한 상권 형성도 없었고 상대적으로 낙후된 거리여서 여기가 강남인지 의심할 정도로 한산했고 상가의 부동산 가치도 강남의 여타 지역보다 상대적으로 낮았다. 그래서 은퇴한 노인들이 투자할 수 있는 자금이 이곳에 들어올 수 있었고, 외환위기를 거치면서 값싸게 상가를 임차할 수 있기 때문에 회사에서 쫓겨난 월급쟁이들이 이곳에서 사장님으로 변신할 수 있었다. 그렇지만 가로수길은 약간의 불편만 감수한다면

중국은행과 영국은행의 자존심 경쟁(황금의 땅 1층을 비워둔 HSBC)

아 마치 중국 무협 영화에 나오는 큰 검을 홍콩섬에 내리꽂은 모양을 하고 있는 새로 지은 중국은행만이 주목될 뿐이다. 홍콩은 이미 중국의 영토이고 이 사진을 찍은 곳이 중국 군대 주둔지 근처여서인지 마치 중국군이 홍콩의 금융가를 감시하는 것 같은 모양새이다. 그렇지만 여전히 영국계 최고은행인 HSBC는 홍콩의 화폐를 발행하는 발권은행의 지위를 누리고 있으며 홍콩 금융가에서도 가장 비싼 땅 위에 위치

지하철 3호선 신사동역과 압구정역에서 10분에서 15분만 걸으면 올 수 있는 길이고, 그래서 강남의 유학파들이 집근처에 가게를 만들 수 있는 좋은 조건도 갖고 있었다. 예쁘고 다양한 이국적인 가게들은 개성 강한 예술인들을 위한 좋은 아지트가 되었으며 그것은 가로수길을 더욱 활력 있게 만드는 원동력이었다. 그러나 이 지역이 주목받는 과정에서 특별한 국가의 개입이나 지원 그리고 지방자치단체의 집중적 개발계획은 없었다. 강도를 막기 위해 가로등을 설치하고 누구에게 피해를 주거나 받지 않도록 공공 부문이 치안을 담당하는 역할만이 있었다. 만일 정부나 지자체가 가로수길을 특별한 관광거리로 지정해서 간판을 동일한 형태로 만들게 했다면 또는 재정적으로 지원해 거대한 문화 행사를 개최하도록 명령했다면 가로수길에 있는 개성 강한 상점과 예술인들은 오히려 이 길을 떠났을지도 모른다. 이와 같은 현실에 대해 남북한의 경제 엘리트들은 이해의 폭을 넓혀야 한다.

해 있다. 놀라운 것은 그 비싼 황금의 토지 위에 HSBC는 1층을 비워 두고 사람들이 오갈 수 있게 만들어 놓았다. 수많은 사람이 대륙에서 바다를 건너 해풍이 불어와 HSBC 1층을 통해 홍콩섬 정상에 위치한 빅토리아공원으로 올라가는 바람에서 강한 기(氣)를 얻는다고 한다. 정말 HSBC 1층에 서면 시원한 바닷바람과 산바람이 만나서 자신도 모르게 '휙' 하고 몸이 뜨는 느낌을 받는다.[2)]

중국이 영국령이었던 홍콩을 되돌려 받는다는 현실에 영국은 수긍했다. 그러면서도 영국은 홍콩을 자신의 영향권에 두고 있으며, 중국도 그 현실을 받아들이고 있다. 그래서 중국은 더 큰 중국은행 건물을 세워서 홍콩이 자신의 영역임을 표시했나. 이에 질세라 영국은 그 비싼 황금의 땅 HSBC의 1층을 모두 비워둠으로써 홍콩인들의 마음을 사고 있다. 중국은 홍콩에 군대를 주둔시켰지만 동시에 영국계 은행이 홍콩 화폐를 발행하는 것을 방해하지 않고 있다. 영국은 정치적 · 군사적으로 홍콩을 중국에 반환했지만 금융의 힘, 즉 시장과 화폐의 힘으로 홍콩을 사로잡고자 한다. HSBC 오른쪽에는 또 다른 영국계 은행 SC가 자리를 잡으며 홍콩의 시장은 여전히 영국에서 벗어날 수 없음도 내비치고 있다. 중국과 영국은 모두 현실을 존중하면서도 치열하게 서로 경쟁하고 있으며 홍콩의 시장에서는 아직도 진정한 승자가 누구인가를 판가름짓기 어려운 상황이다.

---

2) 홍콩의 작은 건물에 있던 중국은행은 1990년 완공된 커다란 중국은행으로 옮겨졌고 1997년 홍콩은 중국에 반환되었지만 영국계 HSBC와 SC는 힘을 모아 홍콩의 금융 권력을 내놓지 않고 있다. 중국과 영국 모두 이와 같은 현실을 수용해 절충하고 있다. HSBC는 홍콩 사람들의 마음을 얻기 위해 황금의 땅, 임대료가 가장 비싼 HSBC 1층을 모든 사람이 다닐 수 있게 비워두고 있다. 풍수지리를 좋아하는 홍콩 사람들에게 이곳은 가장 좋은 기(氣)가 흐르는 곳으로 알려져 있기 때문이다.

남북한의 경우에도 상호간의 경제적 차이를 부정적으로만 볼 것이 아니라 전 세계의 시장 흐름과 국내 시장의 상황을 정확히 간파해야 한다. 남한은 양질의 인력과 토지가 필요하며 북한은 대량의 개발 자본이 필요하다. 현재의 상황에서 남북한은 서로 절실하게 필요한 것을 상대방에게서 찾을 수 있다는 것이다. 왜 여기에 많은 비용이 필요한가? 비용이 아니라 마음과 생각을 바꾸고 계획을 제대로 세우는 작업이 필요할 뿐이다. 따라서 남북한의 서로 다른 차이가 시장에서 얼마나 큰 힘으로 작용할 수 있는가를 우선적으로 잘 이해해야 한다. 그리고 여기에 맞추어 가장 효과적으로 생산성을 높일 수 있는 새로운 남북한의 융합적 시장 설계도를 잘 그려내야 한다.

홍콩의 영국계 은행 HSBC 1층에 있는 사자[3]

3) 홍콩의 가장 비싼 토지 위에 건축된 영국계 HSBC은행 1층은 홍콩 사람들의 마음을 얻기 위한 풍수지리에 따라서 그대로 비워두고 있다. 그렇지만 그 빈 공간 1층의 양쪽에는 유명한 두 마리의 영국 사자가 지키고 있고 그 사자의 모습은 HSBC은행이 발권하는 홍콩 화

홍콩의 옛 중국은행 앞에 있는 사자

3. 낙차 효과와 부(wealth)

마카오와 중국의 경계선인 관문 지역, 수많은 개인이 부자가 되고 싶은 꿈을 향한 질주가 있는 그곳을 잘 보아야 한다. 상호간 경제적 낙차 효과를 통해 거대한 국가적 부를 만들어 내는 모습을 간과해서는 안 된다는 것이다. 작은 푼돈으로 시작되지 않는 목돈은 없다. 어떤 큰 목돈도 처음에는 작은 돈에서 시작되기 때문이다. 작은 것을 소중히 여기지 않는다면 결코 큰돈을 만져볼 수 없다. 마찬가지로 각 개인들의 작은 부를 소홀히 한다면 전체 국가의 큰 부는 형성될 수 없다. 대부분 개방된 자유국가들의 부를 보아도 결국은 수많은 개인의 부가

폐에서도 볼 수 있다. 왼쪽의 포효하는 사자의 이름은 스테판(Stephen)이고 오른쪽 사자의 이름은 스팃(Stitt)이라고 한다. 시장의 경쟁 속에서 영국과 중국의 경쟁은 오늘도 치열하며 그 경쟁은 정글의 사자싸움보다 더욱 격렬해 보인다.

모여서 큰 부를 이루는 것이 사실이기 때문이다. 미국과 같이 세계 최강의 부국이 된 국가도 결국은 개인들이 돈을 벌기 때문에 부국이 될 수 있는 것이며, 독일과 같은 세계적 경제 강국들도 벤츠를 만드는 기업이 없다면 부국이 될 수 없었을 것이다.

거꾸로 이런 경우를 상상해 보자. 만일 미국의 애플사를 국유화하고, 독일의 벤츠를 국유화한다면 미국과 독일은 더욱 큰 부국이 될 수 있을까. 또한 애플사의 직원 월급을 배급제로 전환하고 벤츠의 엔지니어 월급을 배급표로 대신 나눠 준다면 애플사와 벤츠사가 이윤을 많이 남기는 회사가 될 수 있을까. 상식적으로 말이 되지 않는 가정을 이야기한 것처럼 작은 부를 몰수해 그것을 회사가 차지하고 그 부유함을 국가가 국유화해서 소유한다면 그 순간 애플사는 파산하고, 미국도 파산할 수밖에 없다. 2009년, 북한과 같이 이전의 화폐를 위조 지폐로 전락시키는 화폐 개혁을 한다면 또한 2013년, 개성공단에서 5만 명이나 되는 인력을 일시에 철수시킨다면 어떤 결과가 나올 것인가는 분명하다. 그것이 북한이 아니라 미국이나 독일이라고 해도 그 국가는 망할 수밖에 없다. 북한이라는 국가와 개인이 모두 파산할 수밖에 없었던 것은 구조적으로 당연하다. 그렇다면 반대로 북한의 개인들에게 미국과 독일과 같은 구조 하에서 일하고 근무하며 부를 축적할 수 있게 보장해 준다면 어떻게 될 것인가. 최소한 북한 시민들이 미국 시민과 독일 시민보다 근면성이나 성실성에서 뒤지지 않는다면 결과적으로 미국이나 독일보다 북한이 훨씬 더 부강할 수 있다.

오늘도 신사동 가로수길에는 승자와 패자가 갈리고 있다. 어제까지 잘 되었던 가게가 새로운 가게에 밀려서 문을 닫으면 또 다른 상점이 다시 새롭게 단장해 손님을 끈다. 승자와 패자는 고정되지 않고 순환한다. 경제위기 속에서 사라졌던 사장님들이 수없이 많았으며 새로운 사장님들이 그 자리를 다시 채웠다. 부동산 경기의 침체 속에서도 새로운 기회를 맞는 승자와 반대로 떠나는 패자는 항상 존재한다. 만약 정부나 공공기관에서 세금으로 건물을 짓고 아무것도 잘하지 못하면서도 좋은 자리만 계속 차지한다면 어떻게 되겠는가. 거리는 순환되지 못하고 망하지 않는 공공기관 건물로 거리는 점점 더 깜깜한 수렁에 빠질 것이다. 시장의 논리에 따라 잘하는 사장님은 성공한 승자가 되어야 하고, 잘 못하는 사장님은 실패한 패자가 되어야 거리는 살 수 있다. 잘하지 못하면서 망하지 않고 누군가의 힘에 의해 거리를 계속 점유한다면 거리는 다시 몰락할 수 있다. 1980년대에는 올랐다가 1990년대는 폭락했던 거리의 화폐적 가치 속에서 오히려 건강한 시장의 논리가 형성되고 가로수길은 순환될 수 있었다. 만일 이 거리에 거대한 공공기관의 큰 건물이 들어선다면 그것은 길의 생명력을 약화시킬 뿐이다. 동시에 거대한 자본력에 의해 잘하지도 못하는 기업이 비싼 임대료를 내면서 거리를 잠식한다면 그 또한 거리의 승자와 패자를 공정하게 순환시키지 못할 수 있다. 그리고 그 순간 거리는 썩어버리고 위기에 빠지며 거리의 매력도 사라질 수 있다.

남북한의 엄청난 경제적 격차 속에서 남북한의 융합 에너지는 더욱 강력해질 수 있음도 잊지 말아야 한다. 그렇지만 그 차이가 너무도 커서 잘못하면 재앙이 될 수도 있고 그래서 조심스럽게 제대로 잘해야 함을 재차 강조하게 된다. 가만히 정체되어 있다고 유지될 수 있는 것은 아니다. 공기의 흐름 속에서 에너지가 발생하고 물의 이동 속에서 구름과 비가 만들어질 수 있기 때문이다. 폐쇄되어 있고 변하지 않는다면 결국 모든 동력을 상실하고 결국 붕괴될 수밖에 없는 결과에 직면할 수 있다. 남북한의 격차에서 발생하는 낙차 효과가 국가 발전을 위한 엄청난 동력이 될 수 있음은 작은 개성공단의 사례를 통해서도 충분히 예상할 수 있다. 그렇지만 만일 강남 가로수길에 만수대가 그대로 적용된다면 그 즉시 가로수길의 생명력도 고사될 수 있음을 경계한다. 만수대의 혁신적 변화가 필요한 부분이다. 국가와 공공 부문의 혁신이 초기 단계에서 얼마나 중요한 역할을 할 수 있는가에 대해서는 이미 서울 강남의 개발 사례를 통해 살펴본 바 있다. 시장의 중요성을 간과해서는 안 되며 또한 정부 자신의 입장만을 고수해서도 안 된다. 상호 균형 있는 인식과 관용을 서로 확장시켜야 남북한의 융합적 시너지가 발생할 수 있다. 그래서 남북한의 경제 융합 설계도에는 돈, 시장 그리고 남북한의 낙차 효과를 얼마나 긍정적으로 만들 수 있는가에 대한 제도와 실질적 실천 의지가 요구된다.

이와 같은 논의를 근거로 북한의 혁신, 평양 만수대의 혁신을 향한 평양 강남의 세 가지 시장 설계 방향은 다음과 같이 정리해 볼 수 있

융합 설계 방향				
쿠폰 경제	⇨	신뢰성	⇦	돈(money)
미드 레벨 에스컬레이터	⇨	현실성	⇦	시장(market)
낙차 효과	⇨	변동성	⇦	부(wealth)
평양의 신(新)강남 건설 설계도				

평양 강남의 세 가지 융합 설계 방향

다. 체코공화국과 같은 체제 전환국의 성공적 사례인 쿠폰 경제는 국가 재산의 분배 과정과 그 과정에서 개인들이 소유하게 될 재산을 보호할 공동체의 '신뢰성'이 중요한 키워드로 제기되었다. 또한 영국이 홍콩을 중국에 이양하기 직전에 완성한 미드 레벨 에스컬레이터는 정부의 역할이 국민을 감동시키고 그것이 시장에 얼마나 긍정적으로 중요한가를 보면서 시장이 지니고 있는 '현실성'에 초점을 맞추게 되었다. 그리고 중국과 마카오의 경계선에서 일어나고 있는 경제적 발전 단계의 격차가 엄청나게 커다란 낙차 효과를 일으킬 수 있음을 보면서 국가와 개인의 부는 항상 '변동성'을 지니고 있다는 점을 강조했다. 이와 같은 신뢰성, 현실성, 변동성에 기초해서 새로운 평양의 신(新)강남 건설 설계도를 세워볼 수 있다.

제 9 장

평양 강남 개발의 실행 작업

평양 강남 개발은 신뢰성, 현실성, 변동성에 기반을 두고 시행되어야 한다. 그러나 현재까지 평양의 만수대는 신뢰성과 현실성 그리고 변동성을 요구받지 않았다. 권력을 기반으로 형성된 만수대는 동등한 지위에서의 신뢰성과 현실성을 무시할 수 있다. 또한 권력이 유지된다면 변동성을 인식할 필요도 없을 것이다. 그러나 새로운 시장 경제를 추구하는 평양의 강남은 신뢰성과 현실성 그리고 변동성을 강하게 요구받아야 한다. 평양의 강남은 권력을 기반으로 하지 않는다. 시장에 기반을 두고 있는 강남은 모두 동등한 지위에서 출발하기 때문에 상호 신뢰할 수 있어야 하며 현실적이어야 하고 언제든지 변화가 일어나고 그것의 위험과 기회를 모두 인식하지 않으면 안 된다.

1. 신뢰성 있는 평양의 강남 개발

시장에 기반을 두고 출발하는 새로운 평양 강남의 첫 번째 단계는 북한 국민들에게 국가의 재산을 분배하는 과정에서 출발한다. 평시에 실행하는 것이 결코 쉽지 않은 사안이지만 오히려 급진적 혁명을 예방하는 가장 확실한 조치라고 할 수 있다. 국가가 자발적으로 국민을 향해 국가 재산을 분배하는 것은 국가에 대한 국민의 자발적 충성심을 강하게 유발시킬 수 있기 때문이나. 동구권 체제 전환국 가운데 체코공화국의 사례를 통해 그 논거를 살펴본 바와 같이 부드럽지만 강한 민주적 경제 발전을 위해 국유재산의 분배는 필수적이다. 특히 그 분배는 특정 계급이나 집단이 아닌 대다수의 국민에게 귀속되어야 한다는 것이 핵심 사안이다.

(1) 토지의 재분배

북한의 조선민주주의 인민공화국이 수립된 출발점에 광범위한 토지 국유화와 토지 분배가 있었다. 해방과 함께 일본의 적산 토지, 대지주의 토지 등 대부분을 국유화하면서 이를 많은 농민에게 분배했기 때문에 지금까지도 북한에서는 국가가 국민에게 시혜(施惠)했다는 인식이 강하고 이것이 북한 정부를 안정적으로 유지시킨 근본임을 간과해서는 안 된다. 그런데 이제 다시 한 번 더, 북한의 국유지를 북한 국민에게 분배해야 할 시점이 되었다. 프라하의 쿠폰 경제에서 예시했던 가장 중요한 내용은 바로 국가 재산의 국민 재분배였다. 국가에서 국민으로 재산이 분배되는 과정이 자발적이었기 때문에 체코공화국은 루마니아 등 여타 동구권 국가들과 달리 매우 부드럽게 민주국가로 체제 전환되었음을 주목해야 한다. 그렇지만 북한은 체코와 달리 대규모 국영공장이나 국영기업이 거의 없는 상태이므로 쿠폰 경제 방식을 적용할 수 없지 않은가라고 반문할 수도 있다.

생각을 전환해 본다면 북한에는 천연자원이나 여타의 공장 시설물보다 훨씬 값진 재산이 있지만 단지 그것의 가치가 평가되지 못했을 뿐이다. 북한의 토지는 국가 소유이고 개인이 소유할 수 없는 구조이기 때문에 토지의 시장적 가치는 매우 낮다. 그러나 북한 정부가 그 토지에 대한 관리를 어떻게 진행하는가에 따라서 수백 배의 가치 있는 땅이 될 수도 있고 반대로 현재와 같이 그대로 쓸모없는 버려진 땅으로 남겨질 수 있다. 북한 토지의 가치 형성을 위해 이제는 북한 국민들에게 토지를 낮은 수준(전 국토의 5퍼센트 이하)에서 적극적으로 유상 분배해야 한다는 것이다. 물론 대부분의 북한 토지는 국가가 소유하거나 공공적 기능으로 소유권을 제한해야 함은 물론이다. 민주적인 북한의 체제 전환과 발전을 위해 북한 토지는 다음과 같은 세 유형으로 크게 분류할 필요가 있다.

가. 국유지: 국가의 절대적 소유권 확보(전 국토의 약 50퍼센트)
나. 공유지: 공적 목적을 위한 소유권 제한(전 국토의 약 45퍼센트)
다. 사유지: 개인의 소유권을 보장(전 국토의 약 5퍼센트)

공식적으로는 북한에 사유지가 없지만 비공식적으로는 개인의 주택 소유권이 어느 정도 인정되는 측면이 있다. 이제 북한의 토지 가운데 약 5퍼센트 정도를 개인 소유권이 '공식적'으로 보장되는 토지로 개발해야 함을 제안한다. 그 면적은 서울 면적의 약 10배 정도인데 이와 같은 최소의 공간에 개인의 토지 소유권을 인정할 경우 북한의 나머지 95퍼센트 토지는 북한의 국가자본을 형성할 근거가 된다. 결국 북한 토지 가운데 5퍼센트가 신뢰할 수 있는 개인의 재산으로 분배된다면 북한의 국공유지 95퍼센트는 그것이 지닌 잠재적 가치를 국제적으로 인정받을 수 있다는 것이다. 북한 국공유지의 토지 가치에 대한 신뢰는 북한의 국가 자본 형성으로 이어지며, 자연스럽게 북한 돈에 대한 신뢰를 회복시키면서 북한 화폐의 원활한 유통과 거래 기능을 회복시킬 수 있다는 것이다.

(2) 토지의 쿠폰화

북한 전체 토지 가운데 5퍼센트에 해당하는 범위 안에서 북한의 모든 세대주를 대상으로 토지를 구매할 수 있는 채권 또는 쿠폰을 발행하는 방식이다. 토지를 일시에 많이 공급할 경우 오히려 토지의 가치를 낮출 수 있기 때문에 최소 규모이지만 그 가치를 가장 높일 수 있는 지역을 우선 대상으로 선정해서 소유와 매매가 가능한 토지를 공급하는 것이 바람직하다. 프라하의 쿠폰 경제를 참고해 볼 때, 쿠폰 발행 및 분배에 다양한 세부적 방법이 적용될 수 있겠으나 우선 토지 구매 전환권의 형식이 적절하리라 판단된다. 토지 구매 전환권이란 일정 기간 이후에 토지를 구매할 수 있는 권리를 표시하는 일종의 채권이라고 할 수 있다. 예컨대 평양의 강남군 면적이 약 160평방킬로미터이지만 그 가운데 대부분은 국유지(80평방킬로미터)와 공유지(72평방킬로미터)로 분류하고 개인이 소유할 수 있는 토지는 약 8평방킬로미터에 한정한다는 것이다. 이 사유지 면적을 택지로 환산하면 2,420,000평에 해당하는데 이는 약 24,200세대에게 각 100평의 토지를 쿠폰 방식으로 저가에 분배할 수 있는 면적이다. 물론 토지 구매 전환권은 무상 분배가 아닌 평균적으로 근로자 1년 월급 수준에서 구매할 수 있는 유상 분배가 바람직할 것이다.

(3) 토지의 구획 정리사업

앞서 언급한 1970년대 서울의 강남 개발 방식을 참고해 볼 때, 토지 개발 방식은 북한 정부가 주도하는 토지구획 정리사업이 타당하다고 판단된다. 자본이 축적되어 있지 않은 북한 정부의 경우, 좋은 입지 조건에 맞추어 토지의 소유 및 거래가 가능할 택지를 제공하기 위해 도시계획 도면으로 구획정리만 잘 하면 되기 때문이다. 마치 소유권이 전혀 형성되지 않은 무주지(無主地)에 도로와 공원 그리고 공공시설을 설치할 계획을 수립하고 그 인근에 주택을 건설할 택지를 제공할 수 있는 근거를 만들면 된다. 여기에는 우수한 인력만 배치되면 해결될 부분이며 많은 국가 재정이 투입될 필요도 없다. 단지 몇 가지 조건이 있다. 우선 평양과 개성을 잇는 고속도로와 대동강 유역에 위치한 잠재적으로 좋은 택지 조건을 갖출 수 있는 곳에 개인 소유지의 입지(siting)가 결정되어야 한다. 실험적이지만 평양 시민들을 대상으로 택지 100평을 소유할 24,200명의 세대주를 모집하고 그들을 대상으로 토지 구매 전환권, 즉 토지 쿠폰을 판매하면서 그들의 토지 소유권을 국가가 공식적으로 철저히 보호하는 방식이다. 경우에 따라서는 최고 권력의 직인이 들어간 토지소유등록부가 제공되어야 한다. 만약 평양 시민이 북한 정부를 불신해서 그 토지 쿠폰을 사는 것을 꺼린다면 결국 신뢰성을 얻는 데 실패한 것이 될 것이다. 반대로 신뢰성을 얻는다면 북한 정부의 노력으로 평양의 강남을 개발할 수 있는 기초 개발자금을 확보할 수 있다. 결국 평양 강남 개발의 성공 여부는 신뢰성에 기반을 두고 시작된다.

2. 현실성 있는 평양의 강남 개발

새로운 평양 강남의 두 번째 단계는 시장을 활용하는 것이다. 홍콩의 미드 레벨 에스컬레이터의 사례에서 본 바와 같이 에스컬레이터는 정부 공공재원을 시출해 세웠지만, 그 이후 에스컬레이터를 통해 주변의 상권이 얼마나 활성화되었는가를 볼 수 있었다. 시장의 힘은 매우 솔직하며 현실에 기반을 두고 있음을 확인하게 된다. 미화 3,000만 달러가 미드 레벨 에스컬레이터 건설비로 지출되었지만 그 결과 그 주변 토지가격의 상승과 상업 활동의 활성화는 그것의 10배 또는 100배 이상으로 계속 확장되고 있기 때문이다.

(1) 상업 활동의 촉진

택지의 개발 계획과 함께 활발하게 상업 활동이 일어날 수 있는 교통 좋은 상업 지역의 공급 계획도 함께 세워져야 한다. 이를 위해서는 우선적으로 대동강 유역을 정비해 쾌적하고 안전한 지역이 될 수 있도록 기본적 인프라를 구축하고 여기에 외국 자본이 투입될 수 있는 가능성을 만들어야 한다. 도로와 공원 그리고 외국계 상업시설이 들어올 수 있게 주변에 외국 공관 부지를 제공하고 이를 지원할 북한의 공공시설 부지를 함께 조성할 필요가 있다. 특히 한국과 미국의 자본을 적극적으로 유치할 필요가 있는데 홍콩경제특구에 적용되는 방식을 참고하면서 국제기구와 국제금융기관의 설립을 촉진시킴도 바람직하다. 참고로 UN의 아시아지역 사무국을 유치한다면 가장 성공적이다. 북한 정부가 적극 노력한다면 영세중립국 스위스 제네바에 UN의 유럽지역 사무국이 있는 것과 같이, 북한의 영세중립국화 노력과 함께 아시아를 대표하는 유엔지역본부를 평양의 새로운 강남에 유치할 수 있다는 것이다.

(2) 시장 기능의 회복

그러나 현실적으로 북한에 시장 기능을 작동시키는 데 많은 어려움이 따를 수밖에 없다. 북한의 평화적 영세중립국화 노력과 함께 국제사회의 여론을 순화시키고 실타래처럼 얽혀 있는 각종 국제 제재를 풀어나가야 한다. 이를 위해 한국과 미국의 적극적 지원은 매우 필요하다. 앞서 북한 개인에게 토지소유권을 인정한다는 것은 대한민국의 보수층에게도 북한에 대한 안정감을 기대하게 할 것이며, 동시에 미국에도 북한을 믿을 수 있는 대상이라는 가능성을 열어 줄 수 있다. 물론 북한의 핵문제로 여러 가지 걸림돌이 있지만 북한의 적극적 개방화와 자유화 조치는 대한민국의 보수층과 미국의 정책당국자들의 생각을 유연하게 만들 수 있는 가능성이 있다. 북한에 대한 신뢰성은 북한 토지의 개인 소유권 보장에서 출발하며, 이에 기초하여 북한 사회의 시장적 기능이 작동될 수 있다는 것이다. 따라서 북한의 적극적 자세가 더욱 절실히 요구된다. 왜 구태여 북한이 그렇게 해야 하는가라는 북한 내부적 반대 의견이 있을 수 있겠지만 국제적 현실 문제에서 북한도 이를 잘 판단해야 한다. 핵문제를 안고 있는 북한이 적극적으로 나서지 않으면 구조적이며 현실적 문제를 누구도 풀어 줄 수 없으며, 북한이 먼저 행동하지 않으면 시장 기능의 회복 가능성은 사라지기 때문이다. 시장은 현실이며 결코 이념이나 명분으로 넘겨짚을 수 있는 부분이 아니기 때문이다.

(3) 평양-개성 고속도로의 개방화

따라서 DMZ로 끊겨 있는 평양-개성 고속도로를 서울과 연결시켜야 한다. 서울과 연결되어 있지 않은 평양과 개성만을 오가는 고속도로는 시장적으로 아무런 가치가 없다. 그러나 서울-개성-평양으로 연결되는 고속도로라면 그것은 엄청난 고속도로를 새로 만드는 것 이상의 효과가 발생한다. 앞서 서울의 강남 개발 과정을 되짚어 보자. 당시 제일 먼저 시작했던 것이 부산에서 서울로 연결시키는 경부고속도로의 건설이었다. 그리고 그 길이 한강을 건너 경복궁까지 연결될 수 있도록 제3한강대교와 남산 터널을 만들었던 사례를 기억해야 한다. 서울-개성길은 이미 만들어져 있으며, 그 길이 평양까지 이어질 수 있도록 하는 것이 관건이다. 서울-개성-평양으로 연결되는 고속도로에서 대동강을 건너 평양성으로 진입하는 인근에 바로 평양의 강남이 존재함을 다시 보아주기 바란다. 지형상으로 거의 강남의 압구정동 위치에 있는 평양시 강남군 두루섬 주변은 과거 서울의 1970년대 초, 강남 개발 이전의 모습과 크게 다르지 않다. 서울에서 평양으로 고속도로가 연결되면 이 지역에는 수많은 자본이 투입될 수 있는 입지 조건을 갖추고 있다. 서울의 강남 개발 때보다 평양의 강남 개발이 더욱 활기찰 수 있는 기회가 바로 서울-개성-평양의 고속도로 개방화에 있다.

평양-개성 고속도로에 인접한 평양의 강남 지역[4)]

3. 변화 가능한 평양의 강남 개발

(1) 개방 체제를 향한 실천

북한에 개방 의지가 구호로 가득 차 있다고 북한에 투자할 수는 없다. 개혁과 개방은 지속적이어야 하며, 어떠한 경우에도 좌절되거나 후퇴되어서는 안 된다. 북한에서 정치적 상황 변화와 군사적 위험이 발생되어 개방 체제가 좌절되고 변동된다면, 그 순간 투자 자금은 허공에서 연기처럼 사라진다. 북한은 동북아시아의 제조업 분야에서 가

4) 평양의 강남 지역은 대동강 남동쪽에 위치해 있으며 평양-개성 고속도로에서 평양의 강남지역으로 진입하는 인터체인지도 이미 만들어져 있지만 두루섬과 그 남쪽 대부분 지역은 현재 농경지로서 미개발 상태인 것으로 관찰됨(구글 위성지도 참조).

장 투자하기 좋은 잠재력을 지닌 곳이지만 동시에 그 투자금 모두를 날릴 수 있는 가장 위험한 지역이기도 하다. 북한은 현재까지 가장 낙후된 동북아시아의 오지이며 오랜 기간 극도로 폐쇄되어 있는 국가이다. 따라서 근본적인 국가 경제 발전을 위해서는 국가 발전 전략의 재정립이 필수적이다. 이를 위해 과거의 폐쇄적 만수대 스타일은 바뀌어야 한다. 개방적이며 발전을 향한 절실함에 목마른 강남 스타일로 전환되어야 한다. 북한의 관료는 바뀌어야 하고 개방을 위해 목숨을 걸어야 할 정도가 되어야 한다. 시장의 힘을 활용할 수 있어야 하고, 위기와 기회를 두려워해서는 안 될 것이다. 이것은 변화 가능한 평양 강남을 실행하는 데 절대 필요한 소선이다.

(2) 안전한 정치 체제

1980년대부터 현재까지 개방 체제를 유지하는 과정에서 중국은 지속적인 정치 체제 위기라는 도전을 겪은 바 있다. 대표적으로 1989년 천안문 사태와 같은 정치적 위기 상황은 중국의 개방 의지를 자칫 꺾을 수도 있었다. 그러나 그 위기 상황 이후에도 중국은 경제 분야에서만큼은 개혁과 개방을 미루지 않았다. 오히려 역으로 천안문 사태 이후에도 중국의 개방 의지가 더욱 확고함을 보면서 세계는 중국의 경제를 신뢰할 수 있었고, 전 세계적인 투자자금이 사실상 1990년대 이후 중국으로 몰려들었다. 이와 같은 분명한 역사적 사실을 북한이 결코 가벼이 보아서는 안 된다. 만일 북한의 개방적 노력이 조기에 유효해 외국 기업으로부터 많은 투자를 받게 된 상황을 가정해 보자. 일단 많은 투자금이 북한 국내로 유입되면 빠른 물가 상승이 일어날 수 있고 1980년대의 일본과 1990년대의 한국, 그리고 2000년대의 중국이 경험했던 인플레이션으로 근로자 임금 상승 압박 요인이 발생한다. 빠르게 북한 근로자의 임금 상승이 일어난다면 조기에 북한의 국가 경제 발전 가능성은 상쇄되어 종료될 수도 있다.

이 부분에서 우리는 프라하의 쿠폰 경제 사례를 되새겨볼 필요성이 또다시 제기된다. 개방과 함께 모든 국민이 함께 잘살 수 있는 국가 재산 분배 과정이 반드시 선행되어야 한다는 것이다. 국유재산을 국민들에게 나누는 과정에서 평양의 강남을 필두로 시행착오를 줄이면서 전 국민을 대상으로 담대한 토지 개혁을 수립하고 조속히 국민들에게 자신의 집을 지을 수 있는 택지를 공급해야 함은 이와 같은 맥락에서도 일치한다. 개방에 의한 화폐적 인플레이션이 일어나더라도 모든 국민이 그 물가 상승으로 인한 임금 상승 압박을 참아낼 수 있도록 자신도 좋은 택지, 즉 고정된 자산(부동산)을 소유하고 있다면 이는 오히려 정치 체제의 안정성을 확보할 좋은 방파제가 될 수 있다.

프라하의 경우 국영 기업체의 주식을 쿠폰 방식으로 국민 대다수에게 낮은 가격으로 분배함으로써 개방에 따른 인플레이션이 급격히 발생해도 국민 개개인이 손해를 본다고 생각하지 않았다. 물가 인상 속에서 자신이 소유한 부동산과 대기업 주식이 나의 손에 있기 때문에 불안해 할 필요가 없었기 때문이다. 개방의 파고 속에서 국가 이익과 개인 이익이 한 방향으로 나갈 수 있게 정치 및 경제 체제를 설계하는 것, 그것은 민주주의를 위해 대단히 절실하다. 인플레이션이 심화되자 토지 소유권이 없었던 대다수의 중국 국민은 빈곤 계층으로 전락한 중국의 실패를 북한이 반복할 필요는 없다. 북한은 개방과 함께 국민들에게 집을 지을 수 있는 양질의 택지를 유상 분배하고 더 많은 개인이 택지를 소유할 수 있게 함으로써 물가 상승과 임금 상승 요인을 사전에 차단할 수 있다. 전체 국토의 5퍼센트만을 개인이 소유할 수 있는 택지로 공급해도 소유권이 제한된 45퍼센트의 공유지의 잠재 가치를 급격히 상승시켜서 향후 이를 통해 북한의 국가 자본을 급격히 증대시킬 수 있다는 것이다. 또한 5퍼센트의 개인 토지 소유권 보장은 작은 변화인 것 같지만 북한의 안정적인 정치 및 경제 체제 확보를 위해 대단히 중요한 선행 조건이라고 하겠다.

(3) '수출' 지향적 국가 발전 전략

중일전쟁과 제2차 세계대전, 중국 내전과 한국전쟁 등 오랜 전쟁의 폐허 속에서 피폐했넌 농북아시아는 1960년대의 일본, 70년대의 한국, 80년대의 중국이 취한 적극적인 수출 지향적 국가경제 개발정책으로 동남아시아 국가들보다 더 빨리 경제 규모를 확대시키고 발전했다. 2010년대를 거치며 이제 동북아시아 전체는 세계 제조업의 핵심적 중심지가 되었다. 단, 북한 지역만이 현재 예외적이다. 만약이라는 가정이지만 박정희가 수출 지향적 국가경제 개발정책을 취하지 않았다면 김일성의 북한보다 잘살 수 있었을까, 중국의 덩샤오핑(鄧小平)이 수출 지향적 국가경제 개발정책을 실행하지 않았다면 미국과 함께 G2라는 경제대국 호칭을 받을 수 있었을까 반문한다. 동북아시아와 동남아시아 사이에는 분명한 차이가 있었고 그것은 바로 '수출(輸出)'의 차이였다. 동북아시아는 천연자원이 부족하고 양질의 노동력은 넘쳐나는 상황에서 수출을 국가 발전 전략으로 채택했다. 동북아시아의 한국과 일본 그리고 중국은 유교적 문화 속에서 교육에 중점 투자했고 우수한 잠재적 노동인력이 집중 분포되어 있는 지역이기도 하다. 그리고 이제 2020년대의 전 세계 제조업의 중심지는 일본도, 중국도 아닌 바로 북한이 될 수 있다는 가능성과 그것의 실현 여부는 전적으로 북한의 결정에 달려 있음을 밝히지 않을 수 없다. 근거는 분명하다. 언급한 바와 같이 천연자원이 부족하고 양질의 노동력은 넘쳐나는 유교적 문화권의 높은 교육 수준을 지니고 있는데 그럼에도 불구하고 아직 개발되지 않은 유일한 동북아시아의 국가는 북한 이외 그 어느 나라도 없기 때문이다.

에필로그

북한의 유행 1번지 만수대에도 남한의 유행 1번지 강남을 노래했던 〈제3한강교〉, 〈신사동 그 사람〉, 그리고 〈강남스타일〉과 같은 노래가 있다. 특히 북한에는 만수대 스타일의 유행을 이끄는 만수대예술단이 있는데, 이곳은 김일성이 가장 사랑했던 예술단이라고 한다. 그래서인지 만수대예술단은 김일성의 애창곡인 〈그리운 강남〉이라는 노래를 자주 연주했고, 지금도 북한에서는 남녀노소 모두에게 인기 있는 노래이다. 한국에서도 연세가 있는 분이라면 귀에 익은 노래 가사일 것이다. 『한겨레음악대사전』에 수록된 안기영 작곡의 〈그리운 강남〉(1927년)의 가사를 음미해 보면 오랜 시간의 흐름에도 불구하고 정감 넘쳐나는 느낌이 든다.

정이월 다가고 삼월이라네,
강남 갔던 제비가 돌아오면은
이 땅에도 또다시 봄이 온다네
아리랑 아리랑 아라리요
아리랑 강남을 어서 가세

집집에 옹달샘 저절로 솟고
가시보시 맞잡아 즐겨살으니
천년이 하로(하루)라 평화하다네
아리랑 아리랑 아라리요
아리랑 강남을 어서 가세

일본 강점기인 1927년에 만들어진 〈그리운 강남〉에는 사연도 많다. 일제에 의해 한민족 의식을 선동한다고 해서 금지곡이 되었지만 1945년 해방이 되자마자 『임시 중등음악교본』에 실리면서 한국인의 사랑을 듬뿍 받기도 했다. 그러나 작곡자 안기영이 월북하면서 이 노래의 운명은 남북한에서 완전히 다르게 나뉘었다. 1950년 이후 〈그리운 강남〉은 북한에서 가장 사랑받는 애창곡이 되었지만 한국에서는 금지곡이 되어 버렸기 때문이다. 다행히도 1987년 6·29 선언 이후 한국의 민주화와 함께 이 노래도 자유화되어 요즘에는 KBS방송에서도 가끔 들어볼 수 있다. 그래서 일단 남북한이 동시에 부르는 두 노래를 모두 비교해 들어볼 수 있었다. 연주되는 곡의 분위기 자체는 완전히 달랐지만 어찌된 것이 모두 강남, 강남하면서 강남을 노래하고 있다는 것이 새삼 신기하기도 했다. 한민족의 정서 깊은 곳에는 오래전부터 남북한 할 것 없이 따뜻한 강남을 이상향으로 꿈꾸어 왔을 것이라는 생각이 들었다.

돌이켜보면 남북한의 모든 한국인은 누구도 20세기 초 '그리운 강남'이 겪었던 식민지, 분단, 전쟁과 같은 온갖 수모를 또다시 겪고 싶지 않을 것이다. 그러나 미래는 그 누구도 명확히 알 수 없고 원한다고 또는 원치 않는다고 그리되지는 않는다. 단지 역사의 흐름을 잘 이해하고 이를 능동적으로 적극적으로 대응하는 쪽으로 역사가 흐를 뿐이다. 우리는 베일에 싸인 역사의 흐름을 잘 보면서 그 방향이 어느 쪽으로 향하고 있는가를 정확히 파악해야 한다. 제2차 세계대전 이후 전후 질서를 재편하는 과정에서 38선을 기준으로 한반도가 분단된 것은 한국인들의 자발적 의지가 아니었다. 그것은 미국과 소련의 의지였다. 따라서 1953년 7월 정전 이후 상당 기간 한국과 북한의 의지에 관계없이 동북아시아의 질서는 변하지 않았다. 그런데 2013년 2월, 북한의 제3차 핵실험이 예상 외로 매우 중요한 계기가 되어 동북아시아 역사의 수레바퀴가 다시 돌아가기 시작했고, 일단 그 거대한 역사가 움직이자 이제는 누구도 멈출 수 없는 상황이 되었다.

유럽의 분단국 독일이 급속히 통일할 수 있었던 것은 소련이 바뀌고 해체되었기 때문에 가능했지만, 아시아의 분단국 한국은 공산국가인 중국이 있었기 때문에 통일할 수 없었다. 그러나 연속된 북한 핵위기 속에서 북한은 중국의 방파제가 아니라 오히려 위험을 자초할 화약고처럼 변했고, 어느새 미국 함대가 서해로 진입하고 베이징 근처에 미국의 항공모함이 나타날 상황에 직면하자 중국은 극도의 위기감에 빠질 수밖에 없었다. 북한 핵 위기는 중국을 위협하는 사건이 되었지만 또 다른 측면에서는 미국의 군사력에 압도되어 있던 패전국 일본에게는 군국주의 부활을 노릴 기회가 되었다.

시진핑(習近平)의 중국은 강한 중국을 외쳤고 아베(安倍晋三)의 일본도 강한 일본을 외치면서 해양 분쟁 지역인 조어도(釣魚島: 댜오위다오)에 대한 양국의 충돌은 일촉즉발의 위기 상황으로 치달았다. 이제 언제든지 중・일 분쟁이 시작되어도 놀랄 상황이 아니다. 만약 우리가 역지사지(易地思之)의 입장에서 한국이 아니라 미국이라면 과연 어떤 정책을 취할 것인가를 생각해 보자. 우리가 미국이라면 G2가 되어버린 대륙국가 중국의 편을 들지 않을 것이고, 해양국가인 G3 일본을 지원할 수밖에 없다. 이런 상황에서 만일 미국이 일본 편을 든다면 한국은 누구 편을 들 것인가를 고민할 수밖에 없다.

2013년 12월에 방한한 미국의 부통령 바이든(Joe Biden)은 그래서 매우 솔직하게 "미국의 반대편에 베팅하는 건 좋은 베팅이 아니다"라는 말까지 했다. 중국과 일본이 다툰다면 미국은 일본 편을 들 것인데 만일 한국이 중국 편을 든다면 한국은 각오해야 한다는 것이다. 미국의 입장에서 보면 한국이 미국의 국가 이익 반대편에서 중국을 돕는다면 심각한 배신 행위로 간주할 수 있다. 한국으로서는 당연히 미국을 돕고 싶지만 그것이 일본을 돕는 일이라면 또 다른 곤혹스러움에 빠질 수밖에 없는 입장이다. 다행히 일본의 아베 정부가 극단적으로 우경화하고 미국이 일본에 대해 조금이나마 경계하는 것은 한국이 현재의 딜레마 상황을 풀어갈 약간의 시간을 벌어 주는 측면이 있다.

미국은 중국과 일본이 싸우는 것을 바라지 않지만 양국이 싸운다면 우선 일본을 지원하면서 중국과 일본 모두 약화되기를 바랄 것이다. 그러나 더 좋은 대안은 중국과 일본이 아닌 미국의 입장에 서서 미국 국익을 아시아에서 지켜 줄 수 있는 신뢰할 만한 제3국의 존재이다. 한국은 분명 그 제3국이 되어야 하고 될 수도 있지만 사실 북한과의 대립 문제에서도 쩔쩔매는 한국을 보면서 미국은 낙담어린 한숨을 쉴 수밖에 없다. 만일 한국과 북한이 긴밀히 공조해 북핵 문제를 안정화시키고, 남북한이 힘을 모아서 중국과 일본 양쪽을 견제할 수 있다면, 미국으로서는 가장 선호하는 제3국으로 남한과 북한 모두를 적극 지원할 수 있다. 중국도 하나로 움직이는 강력한 한반도가 그리 반갑지는 않겠지만 중국에 우호적이면서 일본을 견제할 수 있다면 나쁠 것이 없다. 단지 현상 타파를 원하는 일본의 극우 세력만이 새로운 기회를 놓치는 것 같아서 아쉽겠지만 일본 역시 그들의 장기적 국익을 위해 이는 결코 나쁜 일이 아니다. 일본의 현상 타파는 일본의 권위적 국가주의 등장과 동북이시아의 진쟁 가능성이 제기되면서 과격한 일본 정치 권력자들에 의해 일본 국민은 엄청난 희생을 강요당할 것이 분명하기 때문이다. 이처럼 우리를 둘러싼 급격한 상황 변화를 정확히 인식한다면 한국과 북한은 동북아시아의 평화를 위해 얼마나 중요한 시점에서 와 있는가를 판단할 수 있을 것이다.

그러나 남북한이 긴밀하게 협조해 국제 정치적으로 단일 변수가 된다고 해도 중국과 일본에 비해 남북한의 경제력은 너무도 초라하다. 미국 CIA 기준(2012년)으로 한국의 GDP는 1조 5,980억 달러로 북한(400억 달러)에 비해 약 40배에 달하는 엄청난 규모를 보이고 있다. 그러나 이것은 착시 현상일 뿐이다. 현재 미국의 GDP는 16조 2,400억 달러이고, 중국은 12조 2,600억 달러이며, 일본은 4조 5,700억 달러이다. 남북한의 경제 규모를 합쳐도 일본의 경제 규모에 비해 35퍼센트에 불과하고 중국의 경제 규모에 비하면 13퍼센트이다. 중국과 일본의 틈바구니 속에서 평화적 조정자 역할을 하기 위해 현실적으로 남북한의 경제 규모는 최소한 통일된 독일의 3조 1,670억 달러 수준은 되어야 중국과 일본을 견제할 동북아시아의 지역 균형자가 될 수 있다. 바로 여기에서 혁신적 남북한의 창조적 협력 관계가 요구된다.

수동적이지만 갑작스럽게 통일의 기회를 빨리 얻었던 독일 통일과 달리 전쟁을 경험한 한반도는 능동적이며 생산적인 방식이지만 조심스럽게 접근해야 한다. 좀 더 적극적이지만 점진적 방식으로 융합할 때, 한반도의 남북한은 큰 비용이 아니라 큰 이익을 취할 수 있다. 전 세계를 깜짝 놀라게 할 시장 경제, 평양의 강남 개발을 시작으로 혁신해 보자는 것이다. 적극성과 점진성을 갖고 남북한 모두의 발전적 협력 방식을 통해 한반도와 동북아시아의 새로운 역사를 만들 수 있음을 확신한다. 역사의 굴곡을 넘고 일어설 우리 모두의 〈그리운 강남〉처럼…….

참고 문헌

강재언. 한국 근대사 연구. 한울. 1982.
고든 털럭, 김행범 외(역). 사적 욕망과 공공수단. 대영문화사. 2005.
고영환. 북한외교관 고영환이 밝히는 평양25시. 고려원. 1992.
구병삭. 지방자치법. 박영사. 1991.
구영록 외. 정치학 개론. 박영사. 1992.
권영성. 비교헌법학. 법문사. 1981.
권영성. 헌법학원록. 법문사. 1992.
곽농기. 북한의 경제발전 전략. 도서출판615. 2008.
기 소르망, 홍상희 외(역). 중국이라는 거짓말. 문학세계사. 2006.
김동명. 독일통일, 그리고 한반도의 선택. 한울. 2010.
김동한. "북한의 헌법" 북한의 당. 국가기구. 군대. 세종연구소 북한연구센터 (편). 한울. 2011.
김수정 · 정용수 · 이원진. 개성공단에 대한 글. 중앙일보. 2012.5.22.
김영웅 외. 베트남 이코노믹스. 한국경제신문사. 2008.
김유향 외. 튀니지의 자스민혁명과 SNS의 역할. 국회입법조사처. 2011.1.31.
김일주. 농지개혁안(1949)에 대한 글. 조선일보. 2012.5.22.
김정훈. 시민의 정부혁신론. 대영문화사. 1997.
김정훈. 북한의 정부혁신론. 한국학술정보. 2012.
김정훈. 평양과 프라하. 한국학술정보. 2013.
김정훈. "남북한의 경제적 낙차효과를 활용한 '개성자유도시' 건설사업." 한국정책학회 춘계학술대회. 2014.
대런 애쓰모글루. 국가는 왜 실패하는가. 시공사. 2012.
데이비드 S. 랜즈, 안진환 외(역). 국가의 부와 빈곤. 한국경제신문. 2009.
마르크스, 엥겔스, 강유원(역). 공산당 선언. 이론과실천. 2008.
마르크스, 엥겔스, 남상일(역). 공산당 선언. 백산서당. 1989.

문지영. 홉스와 로크, 국가를 계약하라. 김영사. 2007.
민병천 · 전신욱 외. 북한학 입문. 들녘. 2001.
민족통일연구원. 북한체제의 실상과 변화 전망. 민족통일연구원, 1991.
민족통일연구원. 남북한 국력 추세 비교연구. 민족통일연구원, 1992.
민족통일연구원. 1993년도 통일문제 국민여론조사 결과. 민족통일연구원, 1993.
박갑동. 박헌영. 인간사, 1983.
박갑동, 구윤서(역). 한국전쟁과 김일성. 서울: 바람과 불결, 1990.
박규식. 김정일 평전. 양문각, 1992.
박순성 · 최진욱. 통일 논의의 변천과정 1945~1993. 민족통일연구원, 1993.
박명림. 한국전쟁의 발발과 기원. 전2권. 나남. 1996.
박영호 · 박종철. 남북한 정치공동체 형성 방안 연구. 민족통일연구원, 1993.
방인후. 북한 '조선노동당'의 형성과 발전. 서울: 고려대학교 아세아 문제연구소, 1967.
배원달. 북한권력투쟁론. 학문사, 1990.
백기완. 통일이냐 반통일이냐. 형성사, 1987.
북한연구소 편. 북한총람. 북한연구소, 1983.
새뮤엘 헌팅톤, 이희재(역). 문명의 충돌. 김영사. 1997.
서대숙, 서주석(역). 북한의 지도자 김일성. 청계연구소, 1989.
서동만. 북조선사회주의체제성립사 1945~1961. 선인. 2011.
손정목. 강남개발계획의 전개: 제1 · 제2 영동지구 구획정리사업. 국토. 1999.2.
손정목. 서울도시계획이야기: 서울 격동의 50년과 나의 증언. 한울. 2002.
손호철, 김원(편). 세계화와 한국의 국가－시민사회. 이매진. 2009.
송건호, 강만길 편. 한국민족주의론I. 창작과비평사, 1982.
송남헌. 해방 삼년사 I · II 1945~1948. 도서출판 까치, 1985.
송방송. 한겨레음악인대사전. 보고사. 2012.
스즈키 마사유키, 유영구(역). 김정일과 수령제 사회주의. 중앙일보사, 1994.
스칼라피노 · 이정식 공저, 한홍구(역). 한국공산주의 운동사 I,II,III. 돌베개, 1987.
심지연. 미 · 소공동위원회 연구. 청계연구소, 1989.
안병만. 한국정부론. 다산출판사. 2014.
안보길. 이승만 다시 보기. 기파랑. 2011.

오원철. 박정희는 어떻게 경제강국을 만들었나. 동서문화사. 2006.
유시민. 국가란 무엇인가. 돌베개. 2011.
유지호. 예멘의 남북통일. 서문당. 1997.
윤대규 외. 북한 경제개혁을 위한 새로운 패러다임. 한울. 2006.
윤명선. 미국 기본권 연구. 경희대출판국. 2004.
엘리너 오스트롬, 윤홍근(역). 공유의 비극을 넘어. 랜덤하우스. 2010.
이계만. 북한국가기관론. 대영문화사. 1992.
이상환. 동유럽의 민주화. 한국외대출판부. 2004.
이석용. 국제인권법. 세창출판사. 2005.
이승종 · 김혜정. 시민참여론. 박영사. 2011.
이승현 · 김갑식. 통일비용: 논의의 현황과 쟁점. 국회입법조사처. 2010.
이용필 편. 북한정치체계, 교육과학사. 1985.
이애주. 가자! 민중의 시대로. 민족통일. 1988.
이장훈. 네오콘: 팩스 아메리카나의 전사들. 미래M&B. 2003.
이종석. 조선로동당연구: 지도사상과 구조 변화를 중심으로. 역사비평사. 1995.
이종석. 현대 북한의 이해: 사상 · 체제 · 지도자. 역사비평사. 1995.
이종원. 통일에 대비한 경제정책. 해남. 2011.
이종원 외. 통일 경제론. 해남. 1997.
이한 편. 북한의 통일정책변천사 1948~1985년 주요 문건(상 · 하). 온누리. 1989.
이항구. 김정일과 그의 참모들. 신태양사, 1995.
임진석(편). 마르크스 사상사전. 청아출판사. 1988.
정대철. 북한의 통일전략 연구. 백산서당, 1986.
정세현. 남 · 북한관계와 통일문제: 연구 현황과 방향. 세종연구소, 1988.
정용길. 분단국통일론. 고려원, 1990.
정인홍. 서구정치사상사. 박영사, 1991.
정종섭. 대한민국 헌법을 읽자. 일빛. 2002
정흥모. 동유럽 국가연구. 성대출판부. 2012.
제프리 D. 삭스, 김현구(역). 빈곤의 종말. 21세기북스. 2006.
조길태 외. 세계문화사. 학문사. 1981.
조민 외. 통일비전 개발. 늘품. 2011.

조용중. 미군정하의 한국정치현장. 나남. 1990.
조지 오웰, 박지은(역). 1984년/동물농장. 동서문화사. 2009.
존 로크, 이극찬(역). 시민정부론. 연세대출판부. 1970.
존 로크, 조현수(편). 통치론. 타임기획. 2005
존 롤즈, 황경식(역). 정의론. 이학사. 2003.
진승권. 동유럽 탈사회주의 체제개혁의 정치경제학. 서울대출판부. 2003.
짐 로저스, 이건(역). 세계경제의 메가트렌드에 주목하라. 이레미디어. 2013.
최영진. 동양과 서양. 지식산업사. 1993.
최진욱. 김정일 정권과 한반도 장래. 한국외대출판부. 2005.
최형익. 실질적 민주주의. 한신대출판부. 2009.
하영선 편. 한국전쟁의 새로운 접근: 전통주의와 수정주의를 넘어서. 나남. 1990.
한태연. 헌법과 정치체제. 법문사. 1987.
허문영 외. 김정일 정권의 등장과 정책 전망. 민족통일연구원. 1994.
허 영. 한국헌법론. 박영사. 1994.

동아일보 1939.3.17.; 1940.7.25.; 1970.3.26.; 1989.11.24.; 1993.1.27.
매일경제 2014.1.6.
조선일보 2012.5.22. (TV조선 2013.5.22)
한겨레신문 1989.12.6.

구글 지도자료(https://maps.google.co.kr/map).
대한민국 법제처 자료(http://www.moleg.go.kr).
대한민국 외교부 자료(http://www.mofa.go.kr).
미국정보부자료(www.cia.gov).
서울특별시 자료(www.seoul.go.kr)
주 체코 대한민국대사관자료(cze.mofat.go.kr).
체코공화국 대통령실 자료(www.chrad.cz).
체코공화국 산업통상부 자료(www.mpo.cz).
체코미디어자료(www.cianews.cz).
체코방송자료(www.radio.cz).

현대아산 자료(http://www.hyundai-asan.com).

Acemoglu, Daron. Politics and Economics in Weak and Strong States. *Journal of Monetary Economics*. 52. 2005.

Ashcraft, Richard. *Revolutionary Politics and Locke's "Two Treatises of Government"*. Princeton: Princeton University Press, 1986.

Bailey, Sydney. *The Korean Armistice*. New York: St. Martin's Press, 1992.

Becker, Jasper. *Rogue Regime: Kim Jong Il and the Looming Threat of North Korea*. Oxford University Press, 2005.

Beckova, K. *Lost Prague: The City's Historic Centre*. Praha: Paseka, 2007.

Beloff, Max. *Soviet Policy in the Far East, 1944~1951*. Oxford University Press, 1953.

Brown, J. F. *Hopes and Shadows. Eastern Europe After Communism*. Durham, NC: Duke University Press, 1994.

Chrdlova, S. & M. Malovec. *Basic Czech Conversation Guide*. Praha: KavaPech, 2003.

Cumings, Bruce. *North Korea: Another Country*. New Press, 2004.

Cornej, P. *Great Stories in Czech History*. Praha: PRAH, 2005.

Harrold, Michael. *Comrades and Strangers: Behind the Closed Doors of North Korea*. Wiley Publishing, 2004.

Hunt, Tristran. *Marx's General: The Revolutionary Life of Friedrich Engels*. Metropolitan Books, 2009.

Kagan, Robert. *Of Paradise and Power: American and Europe in the New World Order*. New York: Alfred A. Knopf, 2003.

Kirschbaum, Stanislav. *A History of Slovakia: The Struggle for Survival*. New York: Palgrave, 2005.

Kocian, Jeri. Czechoslovakia Between Two Totalitarian Systems (1945~1948) in Panek, J. & Tuma, O. (eds.). *A History of The Czech Lands*. Charles University in Prague. Karolinum Press, 2011.

Laslett, Peter. Introduction. *Two Treatises of Government*. Cambridge: Cambridge University Press, 1988.

Locke, John. *Two Treatises of Government*. 1680.

Lord, Christopher(eds.). *Questions in Contemporary International Relations*, Praha: Karolinum Press, 1997.

Luza, Radomir & Victor Mamatey (eds.). *A History of the Czechoslovak Republic 1918-1948*. New Jersey: Princeton, 1973.

Marx, Karl & Friedrich Engels. *Manifesto of the Communist Party*, 1848.

Myant, M. *Socialism and democracy in Czechoslovakia, 1945~1948*. Cambridge University Press, 2008.

Nekora, Martin. Elites, General Publics, and Democracy in Fric, Pavol (eds.). *Czech Elites and General Public: Leadership, Cohesion, and Democracy*. Praha: Karolinum Press, 2010.

Pangle, Thomas. *The Spirit of Modern Republicanism*. Chicago: University of Chicago Press, 1988.

Putik, A. & O. Sixtova. *History of the Jews in Bohemia and Moravia*. Praha: The Jewish Museum, 2006.

Rawls, John. *A Theory of Justice*. Harvard University Press, 1971.

Sebestyen, V. *Revolution 1989: The Fall of the Soviet Empire*. London: Orion Books, 2010.

Stevens, John. *Czechoslovakia at the crossroads: the economic dilemmas of communism in postwar Czechoslovakia*. East European Monographs, Boulder, 1985.

Strauss, Leo. *Natural Right and History*. Chicago: University of Chicago Press, 1953.

Suk, Jeri. Czechoslovakia's Return to Democracy(1989~1992) in Panek, J. & O. Tuma (eds.). *A History of The Czech Lands*, Charles University in Prague. Karolinum Press, 2011.

Ullman, Walter. *The United States in Prague 1945~1948*, Columbia University Press, 1978.

Waldron, Jeremy. *God, Locke, and Equality*. Cambridge: Cambridge University Press, 2002.

Zuckert, Michael P. *Launching Liberalism*. University Press of Kansas, 2002.

찾아보기

[ㅁ]

[ㅂ]

[ㅅ]

부록 1

중화인민공화국 홍콩특별행정구 기본법
(中華人民共和國香港特別行政區基本法)

1990년 4월 4일 제7기 전국인민대표대회 제3차 회의 통과
1990년 4월 4일 중화인민공화국 주석령 제26조 공포
1997년 7월 1일부터 시행

≪중화인민공화국 홍콩특별행정구 기본법≫은
첨부 문서 1 〈홍콩특별행정구 행정장관의 선출 방법〉,
첨부 문서 2 〈홍콩특별행정구 입법회의 조직 방법과 의결 절차〉,
첨부문건 3 〈홍콩특별행정구에서 실시하는 전국성 법률〉 및 홍콩특별행정구기(區旗), 특별행정구휘장(區徽) 도안을 포함하며 이미 중화인민공화국 제7기 전국인민대표대회 제3차 회의에서 1990년 4월 4일에 통과되었으므로 이에 공포하며 1997년 7월 1일부터 실시한다.

1990년 4월 4일
중화인민공화국 양상곤 주석

목록

서언

홍콩은 역사적으로 중국의 영토이며 1840년 아편전쟁 이후 영국에 점령되었다. 1984년 12월 19일 중영 양국 정부는 홍콩 문제에 대한 연합 성명에 서명하였고, 중화인민공화국 정부가 1997년 7월 1일 홍콩에 대한 행정 주권을 회복할 것임을 확인하였으므로 이에 장기간 중국 인민의 홍콩 반환의 공통된 염원을 실현하였다. 국가의 통일과 영토의 완전성을 수호하고 홍콩의 번영과 안정을 유지하며 홍콩의 역사와 현실 상황을 고려하여 국가는 홍콩에 대한 행정 주권을 회복함과 동시에 중화인민공화국 헌법(中華人民共和國憲法) 제31조의 규정에 근거하여 홍콩특별행정구를 설립하고 "하나의 국가, 두 제도(一個國家, 兩種制度)"의 방침에 따라 홍콩에 사회주의의 제도와 정책을 실행하지 않기로 결정하였다. 국가의 홍콩에 대한 기본 방침과 정책은 이미 중국 정부가 중영연합성명

(中英聯合聲明)에서 천명하였다. 중화인민공화국 헌법에 근거하여 전국인민대표대회는 특별히 중화인민공화국과 홍콩특별행정구 기본법을 제정하고 홍콩특별행정구에 실행할 제도를 규정하여 국가의 홍콩에 대한 기본 방침과 정책의 실시를 보장한다.

제1장 총칙

제1조 홍콩특별행정구는 중화인민공화국의 분리할 수 없는 일부분이다.

제2조 전국인민대표대회는 홍콩특별행정구에 이 법의 규정에 따른 고도 자치를 수권하며 홍콩특별행정구는 행정관리권, 입법권, 독립적인 사법권과 최종 심판권을 향유한다.

제3조 홍콩특별행정구의 행정기관과 입법기관은 홍콩의 영구 주민이 이 법의 유관 규정에 따라 조직한다.

제4조 홍콩특별행정구는 법에 따라 홍콩특별행정구의 주민과 그 밖의 사람의 권리와 자유를 보장한다.

제5조 홍콩특별행정구는 사회주의 제도와 정책을 시행하지 아니하며 원래의 자본주의 제도와 생활 방식을 유지하고 50년 동안 변동하지 아니한다.

제6조 홍콩특별행정구는 법에 따라 사유재산권을 보호한다.

제7조 홍콩특별행정구 경내의 토지와 자연자원은 국가 소유에 속하며 홍콩특별행정구 정부가 관리, 사용, 개발, 임대 또는 개인, 법인 또는 단체가 사용하거나 개발하도록 승인하며 그 수입은 전부 홍콩특별행정구 정부의 지배에 귀속된다.

제8조 홍콩의 원래의 법률, 즉 관습법(普通法), 형평법(衡平法), 조례, 부속입법과 관습법은 이 법과 상호 저촉되거나 홍콩특별행정구의 입법기관이 개정하는 경우를 제외하고 유지한다.

제9조 홍콩특별행정구의 행정기관, 입법기관과 사법기관은 중국어를 사용하는 것 이외에도 영어를 사용할 수 있으며 영어 역시 정식 언어이다.

제10조 홍콩특별행정구는 중화인민공화국 국기와 국휘를 게양하는 것 이외에도 홍콩특별행정구 구기(區旗)와 구휘(區徽)를 게양한다. 홍콩특별행정구의 구기는 다섯 개의 별(五星)과 꽃술이 있는 자형화(紫荊花) 홍기이다. 홍콩특별행정구의 구휘는 중간은 다섯 개의 별(五星)과 꽃술이 있는 자형화이고 주변에는 "중화인민공화국 홍콩특별행정구"와 영문으로 "홍콩"이 쓰여져 있다.

제11조 중화인민공화국 헌법(中華人民共和國憲法) 제31조에 근거하여 홍콩특별행정구의 제도와 정책은 사회, 경제제도를 포함하며 주민의 기본 권리와 자유에 관한 제도에서 행정관리, 입법과 사법 분야의 제도 및 유관 정책은 모두 이 법의 규정을 근거로 한다. 홍콩특별행정구의 입법기관이 제정하는 모든 법률은 모두 이 법과 상호 저촉되지 아니한다.

제 2 장 중앙과 홍콩특별행정구의 관계

제12조 홍콩특별행정구는 중화인민공화국의 고도자치권을 향유하는 지방행정구역이며 중앙인민정부가 직접 관할한다.

제13조 중앙인민정부는 홍콩특별행정구와 관련된 외교사무를 책임지고 관리한다. 중화인민공화국 외교부(中華人民共和國外交部)는 홍콩에 기구를 설립하여 외교사무를 처리한다. 중화인민정부는 홍콩특별행정구가 이 법에 따라 관련 대외사무를 자체적으로 처리하도록 수권한다.

제14조 중앙인민정부는 홍콩특별행정구의 국방사무를 책임진다. 홍콩특별행정구 정부는 홍콩특별행정구의 사회 치안의 유지를 책임진다. 중앙인민정부는 홍콩특별행정구에 국방사무를 담당하는 군대를 파견하나 홍콩특별행정구의 지방사무를 간섭하지 아니한다. 홍콩특별행정구 정부는 필요 시 중앙인민정부에 군대를 파견하여 사회 치안과 재해 구제에 협조할 것을 요청할 수 있다. 주둔군대 인원은 전국성 법률을 준수하는 것 이외에도 반드시 홍콩특별행정구의 법률을 준수하여야 한다. 군대의 주둔 비용은 중앙인민정부가 부담한다.

제15조 중앙인민정부는 이 법 제4장의 규정에 따라 홍콩특별행정구 행정장관과

행정기관의 주요 인원을 임명한다.

第16조 홍콩특별행정구는 행정관리권(行政管理權)을 향유하며 이 법의 유관 규정에 따라 자체적으로 홍콩특별행정구의 행정사무를 주관한다.

第17조 홍콩특별행정구는 입법권(立法權)을 향유한다. 홍콩특별행정구의 입법기관이 제정하는 법률은 반드시 전국인민대표대회 상무위원회에 보고하고 등록 비치하여야 한다. 등록 비치는 같은 법률의 효력 발생에 영향을 미치지 아니한다. 전국인민대표대회의 상무위원회는 소속된 홍콩특별행정구 기본법 위원회(香港特別行政區基本法委員會)의 의견을 구한 후 홍콩특별행정구 입법기관이 제정하는 어떠한 법률이 이 법의 중앙이 관리하는 사무 및 중앙과 홍콩특별행정구의 관계에 관한 조항에 부합하지 아니하다고 판단되는 경우 유관법률을 반송할 수 있으나 개정하지 아니한다. 전국인민대표대회 상무위원회가 반송한 법률은 즉시 효력을 발생한다. 같은 법률의 실효는 홍콩특별행정구의 법률에 별도의 규정이 있는 경우를 제외하고 소급력이 없다.

第18조 홍콩특별행정구에서 시행하는 법률은 이 법 및 이 법 제8조가 규정하는 홍콩의 원래 법률과 홍콩특별행정구의 입법기관이 제정하는 법률이다. 전국성 법률은 이 법의 첨부 문서 3에 포함된 법률을 제외하고 홍콩특별행정구에서 실시하지 아니한다. 이 법의 첨부 문서 3에 포함되는 법률은 홍콩특별행정구가 현지에서 공포하거나 입법하여 실시한다. 전국인민대표대회 상무위원회는 소속된 홍콩특별행정구 기본법 위원회와 홍콩특별행정구 정부의 의견을 구한 후 이 법의 첨부 문건 3에 포함된 법률을 증감할 수 있으며 첨부 문건 3에 포함된 법률은 국방, 외교와 그 밖의 이 법의 규정에 따라 홍콩특별행정구 자치 범위에 속하지 아니하는 법률에 한한다. 전국인민대표대회 상무위원회는 전쟁 상태를 선포하거나 홍콩특별행정구 내에 홍콩특별행정구 정부가 통제할 수 없는 국가의 통일 또는 안전을 위해하는 동란이 발생하여 홍콩특별행정구가 긴급 상황이 발생하였다고 결정되는 경우 중앙인민정부는 명령을 발포하고 관련 전국성 법률을 홍콩특별행정구에 실시할 수 있다.

第19조 홍콩특별행정구는 독립적인 사법권(司法權)과 최종심판권(終審權)을 향유한다. 홍콩특별행정구 법원은 계속 홍콩의 원래의 법률제도와 원칙의 법원 심판권에 대한 제한을 유지하는 것 이외에도 홍콩특별행정구의 모든 안건에 대하여 모두 심판권(審判權)이 있다. 홍콩특별행정구 법원은 국방, 외교 등 국가 행위에 대하여 관할권(管轄權)이 없다. 홍콩특별행정구 법원은 안건의 심리 중 국방, 외교 등 국가 행위의 사실적인 문제에 직면하면 행정장관의 같은 문제에 대한 증명문서를 취득하여야 하며 상술한 문서는 법원에 구속력이 있다. 행정장관은 증명문서를 발급하기 전에 반드시 중앙인민정부의 증명서를 취득하여야 한다.

제20조 홍콩특별행정구는 전국인민대표대회와 전국인민대표대회 상무위원회 및 중앙인민정부가 수권하는 그 밖의 권리를 향유한다.

제21조 홍콩특별행정구 주민 중 중국 공민은 법에 따라 국가사무의 관리에 참여한다. 전국인민대표대회가 확정한 정족수와 대표 선출 방법에 근거하여 홍콩특별행정구 주민 중 중국 공민은 홍콩특별행정구의 전국인민대표대회의대표를 선출하여 최고국가권력기관의 업무에 참여하도록 할 수 있다.

제22조 중앙인민정부의 소속 부서, 각 성, 자치구, 직할시는 모두 홍콩특별행정구가 이 법에 근거하여 자치적으로 관리하는 사무에 간섭할 수 없다. 중앙의 각 부서, 각 성, 자치구, 직할시는 만약 홍콩특별행정구 내에 기구의 설립이 필요한 경우 반드시 홍콩특별행정구 정부의 동의와 중앙인민정부의 비준을 득하여야 한다. 중앙의 각 부서, 각 성, 자치구, 직할시가 홍콩특별행정구에 설립하는 일체의 기구 및 그 인원은 모두 반드시 홍콩특별행정구의 법률을 준수하여야 한다. 중국의 그 밖의 지역의 사람이 홍콩특별행정구에 진입할 경우 반드시 비준 수속을 완료하여야 하며 그 중 홍콩특별행정구에 진입하여 거주하는 사람의 수는 중앙 인민정부의 주관부서가 홍콩특별행정구 정부의 의견을 구한 후 확정한다. 홍콩특별행정구는 베이징(北京)에 사무기구를 설립할 수 있다.

제23조 홍콩특별행정구는 자체적으로 법을 제정하여 국가를 배반하고 국가를 분열시키며 반동을 선동하고 중앙인민정부를 전복하며 국가 기밀을 절취하는

행위를 금지하여야 하며, 외국의 정치 조직 또는 단체가 홍콩특별행정구에서 정치 활동을 진행하는 것을 금지하고 홍콩특별행정구의 정치 조직 또는 단체가 외국의 정치 조직 또는 단체와 관계를 구축하는 것을 금지하여야 한다.

제3장 주민의 기본 권리와 의무

제24조 홍콩특별행정구의 주민은 홍콩 주민으로 약칭하며 영구 주민과 비영구 주민을 포함한다. 홍콩특별행정구의 영구 주민은 다음과 같다.

(一) 홍콩특별행정구의 설립 이전 또는 이후에 홍콩에서 출생한 중국 공민

(二) 홍콩특별행정구의 설립 이전 또는 이후에 홍콩에 통상적으로 연속 7년 이상 거주한 중국 공민

(三) 제(一)항, 제(二)에 열거한 주민이 홍콩 이외의 지역에서 출산한 중국 국적의 자녀

(四) 홍콩특별행정구의 설립 이전 또는 이후에 유효한 여행증명서를 소지하고 홍콩에 진입하여 홍콩에서 통상적으로 연속 7년 이상 거주하며 홍콩을 영구 거주지로 삼는 중국 국적이 아닌 사람

(五) 홍콩특별행정구의 설립 이전 또는 이후에 제(四)항에서 열거한 주민이 홍콩에서 출산한 만 21세가 되지 아니한 자녀

(六) 제(一)항에서 제(五)항까지 열거한 주민 이외에 홍콩특별행정구의 설립 이전에 홍콩에만 거류권(居留權)을 가지고 있던 사람. 이상의 주민은 홍콩특별행정구에서 거류권과 홍콩특별행정구의 법률에 따라 그 거류권을 명기한 영구 주민 신분증을 취득할 자격이 있다. 홍콩특별행정구의 비영구 주민은 홍콩특별행정구 법률에 따라 홍콩 주민 신분증을 취득할 자격이 있으나 거류권이 없는 사람이다.

제25조 홍콩 주민은 법률 앞에서 모두 평등하다.

제26조 홍콩특별행정구의 영구 주민은 법에 따라 선거권(選擧權)과 피선거권(被選擧權)을 향유한다.

제27조 홍콩 주민은 언론, 신문, 출판의 자유를 향유하며 결사, 집회, 여행, 시위의 자유가 있고 노동조합, 파업을 조직하고 참가할 권리와 자유가 있다.

제28조 홍콩 주민의 인신의 자유는 침범받지 아니한다. 홍콩 주민은 어떠한 의도에서도 불법적인 체포, 구금, 감금을 당하지 아니한다. 어떠한 의도에서도 불법적으로 주민의 신체를 수색하거나 주민의 인신의 자유를 박탈, 제한하는 것을 금지한다. 주민에게 가혹한 형벌을 가하거나 불법으로 주민의 생명을 박탈하는 것을 금지한다.

제29조 홍콩 주민의 주택과 그 밖의 가옥은 침범받지 아니한다. 어떠한 의도에서도 불법으로 주민의 주택과 그 밖의 가옥을 수색하거나 침입하는 것을 금지한다.

제30조 홍콩 주민의 통신의 자유와 통신의 비밀은 법률의 보호를 받는다. 공공의 안전과 형사 범죄 수색의 필요에 따라 유관 기관이 법적 절차에 따라 통신에 대하여 조사를 실시하는 것을 제외하고 어떠한 부서 또는 개인도 어떠한 이유에서도 주민의 통신의 자유와 통신의 비밀을 침범할 수 없다.

제31조 홍콩 주민은 홍콩특별행정구 경내에서 이전의 자유가 있으며 그 밖의 국가와 지역에 이전하여 거주하는 자유가 있다. 홍콩 주민은 여행과 출입국의 자유가 있다. 유효한 여행증명서의 소지인은 법률적인 제제를 제외하고 자유롭게 홍콩특별행정구를 이탈할 수 있으며 특별한 비준이 필요하지 아니하다.

제32조 홍콩 주민은 신앙의 자유가 있다. 홍콩 주민은 종교와 신앙의 자유가 있으며 공개적으로 전도하고 종교 활동을 조직하며 참가할 수 있는 자유가 있다.

제33조 홍콩 주민은 직업 선택의 자유가 있다.

제34조 홍콩 주민은 학술 연구, 문학예술 창작과 그 밖의 문화 활동을 할 수 있는 자유가 있다.

제35조 홍콩 주민은 비밀을 엄수하는 법률 자문을 획득하고 법원에 소송을 제기하며 변호사를 선임하여 적시에 자신의 합법적인 권익을 보호하거나 법정에서 주민을 대리하여 사법 구제를 획득할 수 있는 권리가 있다. 홍콩 주민은 행정부서와 행정 인원의 행위에 대하여 법원에 소송을 제기할 수 있다.

第36条 홍콩 주민은 법에 따라 사회복지를 향유할 권리가 있다. 노동의 복지 대우와 퇴직 보장은 법률의 보호를 받는다.

第37条 홍콩 주민의 혼인의 자유와 자발적 생육의 권리는 법률의 보호를 받는다.

第38条 홍콩 주민은 홍콩특별행정구 법률이 보장하는 그 밖의 권리와 자유가 있다.

第39条 〈공민의 권리와 정치 권력의 국제공약(公民權力和政治權力國際公約)〉, 〈경제, 사회와 문화 권리의 국제공약(經濟社會與文化權力的國際公約)〉과 국제노동공약(國際勞工公約)은 홍콩의 유관 규정에 적용하며 계속 유효하고 홍콩특별행정구의 법률을 통하여 실시한다. 홍콩 주민이 향유하는 권리와 자유는 법에 따라 규정하는 것을 제외하고 제한할 수 없으며, 이러한 제한은 이 조 제1관의 규정에 저촉되지 아니한다.

第40条 "신계(新界)" 원주민의 합법적이고 전통적인 권익은 홍콩특별행정구의 보호를 받는다.

第41条 홍콩특별행정구 경내의 홍콩 주민 이외의 그 밖의 사람은 법에 따라 이 장이 규정하는 홍콩 주민의 권리와 자유를 향유한다.

第42条 홍콩 주민과 홍콩의 그 밖의 사람은 홍콩특별행정구가 시행하는 법률을 준수할 의무가 있다.

제 4 장 정치 체제

제1절 행정장관

第43条 홍콩특별행정구의 행정장관은 홍콩특별행정구의 수장이며 홍콩특별행정구를 대표한다. 홍콩특별행정구의 행정장관은 이 법의 규정에 따라 중앙인민정부와 홍콩특별행정구를 책임진다.

第44条 홍콩특별행정구의 행정장관은 만 40세 이상으로 홍콩에 통상적으로 연속 20년 이상 거주하고 외국에 거류권이 없는 홍콩특별행정구의 영구 주민 중 중국 공민이 담당한다.

第45条 홍콩특별행정구의 행정장관은 현지에서 선거 또는 협의에 의하여 선출

되며 중앙인민정부가 임명한다. 행정장관의 선출 방법은 홍콩특별행정구의 실제 상황과 순서점진(循序漸進) 1의 원칙에 근거하여 규정하며 최종적으로 광범위한 대표성이 있는 지명위원회가 민주적인 절차에 따라 천거한 후 보통 선거의 방식으로 선출하는 목표를 실현한다. 행정장관의 선출에 관한 구체적인 방법은 첨부 문건 1 〈홍콩특별행정구 행정장관의 선출 방법〉에서 규정한다.

제46조 홍콩특별행정구의 행정장관의 임기는 5년이며 1회 연임할 수 있다.

제47조 홍콩특별행정구의 행정장관은 반드시 청렴하고 공정하며 충심으로 직무를 수행하여야 한다. 행정장관의 취임 시 홍콩특별행정구 최종심의법원의 수석 법관에 재산을 신고하고 기록하여 보관하여야 한다.

제48조 홍콩특별행정구의 행정장관은 다음의 직권을 행사한다.

(一) 홍콩특별행정구 정부를 영도한다.

(二) 이 법과 이 법에 따라 적용하는 홍콩특별행정구의 그 밖의 법률 집행을 책임진다.

(三) 입법회에서 통과한 법률안에 서명하고 법률을 공포한다. 입법회에서 통과한 재정예산안에 서명하고 재정예산, 결산 내용을 중앙인민정부에 보고하고 등록 비치한다.

(四) 정부의 정책을 결정하고 행정명령을 공포한다.

(五) 각 사(司)의 사장, 부사장, 각 국(局)의 국장, 염정인원(廉政專員), 심사회계서 서장, 경무처 처장, 출입국사무처 처장, 세관 관장을 추천하고 중앙인민정부에 보고하고 임명한다. 중앙인민정부에 상기 인원의 직무 해제를 건의한다.

(六) 법정 절차에 따라 각 급 법원의 법관을 임면한다.

(七) 법정 절차에 따라 공직 인원을 임면한다.

(八) 중앙인민정부가 이 법이 규정하는 유관 사무에 대하여 발포하는 명령을 집행한다.

(九) 홍콩특별행정구 정부를 대표하여 중앙이 수권한 대외사무와 그 밖의 사무를 처리한다.

(十) 입법회가 제출한 재정수입 또는 지출에 관한 동의를 비준한다.

(十一) 안전과 중대한 공공 이익에 입각하여 정부관리 또는 그 밖의 정부의 공무를 담당하는 인원이 입법회 또는 그 소속 하의 위원회에 증인이 되거나 증거 제공 여부를 결정한다.

(十二) 형사범의 형벌을 사면하거나 경감한다.

(十三) 청원과 항소 사항을 처리한다.

第49조 홍콩특별행정구의 행정장관은 입법회에서 통과한 법안이 홍콩특별행정구의 전체의 이익에 부합하지 아니하다고 판단될 경우 3개월 이내에 법안을 입법회에 반송하여 재의결에 부칠 수 있으며 입법회는 전체 인원의 3분의 2보다 적지 아니한 다수로 재차 원안을 통과하고 행정장관은 반드시 1개월 이내에 서명하여 공포하거나 이 법 제50조의 규정에 따라 처리하여야 한다.

第50조 홍콩특별행정구의 행정장관은 입법회가 재차 통과한 법안의 서명을 거절하거나 입법회가 정부가 제출한 재정예산안 또는 그 밖의 중요한 법안의 통과를 거절하는 경우 협상으로도 의견의 일치를 달성할 수 없을 시 행정장관은 입법회를 해산할 수 있다. 행정장관은 입법회를 해산하기 전에 반드시 행정회의(行政會議)의 의견을 구하여야 한다. 행정장관은 1회의 임기 내에 1회에 한하여 입법회를 해산할 수 있다.

第51조 홍콩특별행정구의 입법회가 정부가 제출한 재정예산안의 비준을 거절한 경우 행정장관은 입법회에 임시 예산의 할당을 신청할 수 있다. 만약 입법회가 이미 해산되어 예산안을 할당할 수 없는 경우 행정장관은 새로운 입법회를 선출하기 전의 일정 기간 동안 전년도 재정예산의 지출 기준에 따라 단기의 임시 예산을 비준할 수 있다.

第52조 홍콩특별행정구의 행정장관에게 다음의 정황 중 하나가 있는 경우 반드시 사직하여야 한다.

(一) 심각한 질병 또는 그 밖의 원인으로 인하여 직무를 집행할 수 없는 경우.

(二) 입법회가 통과한 법안의 서명을 2회 거절하여 입법회를 해산하고 중임한 입법회가 전체 의원의 3분의 2 이상의 다수로 통과한 분쟁이 있는 원안

의 서명을 여전히 거절하는 경우

(三) 입법회가 통과를 거절한 재정예산안 또는 그 밖의 중요한 법안으로 인하여 해산되고 중임한 입법회가 계속 분쟁이 있는 원안의 통과를 거절하는 경우

제53조 홍콩특별행정구의 행장장관이 단기간 직무를 집행할 수 없을 시 정무사장(政務司長), 재정사장(財政司長), 율정사장(律政司長)이 순서에 따라 임시로 그 직무를 대행한다. 행정장관의 공석 시 6개월 이내에 이 법 제45조의 규정에 따라 새로운 행정장관을 선출하여야 한다. 행정장관의 공석 기간의 직무대리는 전관의 규정에 따라 처리한다.

제54조 홍콩특별행정구의 행정회의는 행정장관의 결책(決策: 정책결정)에 협조하는 기구이다.

제55조 홍콩특별행정구 행정회의의 구성원은 행정장관이 행정기관의 주요 관원, 입법회 의원과 사회인사 중에서 위임하며 그 임면은 행정장관이 결정한다. 행정회의 구성원의 임기는 그를 위임한 행정장관의 임기를 초과하지 아니하여야 한다. 홍콩특별행정구 행정회의 구성원은 외국에 거류권이 없는 홍콩특별행정구의 영구 주민 중의 중국 공민이 담당한다. 행정장관은 필요 시 유관 인사를 초청하여 열석(列席)하게 할 수 있다.

제56조 홍콩특별행정구 행정회의는 행정장관이 주최한다. 행정장관은 중요한 결책을 내리거나 입법회에 법안을 제출하거나 부속 법규를 제정하거나 입법회를 해산하기 전에 반드시 행정회의의 의견을 구하여야 하나 인사의 임면, 기율의 제제와 긴급 정황 하에서 채택하는 조치는 제외한다. 행정장관이 행정회의 다수 구성원의 의견을 채택하지 아니하는 경우 구체적인 이유를 기록하여 문서로 보관하여야 한다.

제57조 홍콩특별행정구는 염정공서(廉政公署)를 설치하여 독립적으로 업무에 임하고 행정장관에 대하여 책임진다.

제58조 홍콩특별행정구는 심사회계서(審計署)를 설치하여 독립적으로 업무에 임하고 행정장관에 대하여 책임진다.

제2절 행정기관

第59조 홍콩특별행정구 정부는 홍콩특별행정구의 행정기관이다.

第60조 홍콩특별행정구 정부의 수장은 홍콩특별행정구의 행정장관이다. 홍콩특별행정구 정부는 정무사, 재정사, 율정사와 각 국, 처, 서를 설치한다.

第61조 홍콩특별행정구의 주요 관원은 홍콩에 통상적으로 연속하여 만 15년 이상을 거주하고 외국에 거류권이 없는 홍콩특별행정구의 영구 주민 중의 중국 공민이 담당한다.

第62조 홍콩특별행정구 정부는 다음의 직권을 행사한다.

(一) 정책을 제정하고 집행한다.

(二) 각종 행정사무를 관리한다.

(三) 이 법이 규정하는 중앙인민정부가 수권하는 대외사무를 처리한다.

(四) 재정예산안, 결산안을 편성하고 제출한다.

(五) 법안, 의안, 부속 법규를 기초하고 제출한다.

(六) 관원을 파견하여 입법회의에 열석하게 하고 정부를 대변하여 발언한다.

第63조 홍콩특별행정구의 율정사는 형사검찰 업무를 주관하며 어떠한 간섭도 받지 아니한다.

第64조 홍콩특별행정구의 정부는 반드시 법률을 준수하여야 하며 홍콩특별행정구의 입법회에 대하여 책임져야 한다. 입법회가 통과하고 이미 효력을 발생하는 법률을 집행한다. 정기적으로 입법회에 시정 상황을 보고한다. 입법회 의원의 질의에 답변한다. 세금의 징수와 지출의 공개는 반드시 입법회의 비준을 득하여야 한다.

第65조 원래 행정기관 자문조직의 설립제도는 계속 유지한다.

제3절 입법기관

第66조 홍콩특별행정구의 입법회는 홍콩특별행정구의 입법기관이다.

第67조 홍콩특별행정구의 입법회는 외국에 거류권이 없는 홍콩특별행정구의 영구 주민 중의 중국 공민으로 구성한다. 다만 중국 국적이 아닌 홍콩특별행정구의 영구 주민과 외국에 거류권이 있는 홍콩특별행정구의 영구 주민 역시 홍콩특별행정구의 입법회 의원으로 당선될 수 있으며 그 점유 비율은 입법회의 전체 의원의 20%를 초과할 수 없다.

제68조 홍콩특별행정구의 입법회는 선거로 선출한다. 입법회의 선출 방법은 홍콩특별행정구의 실제 상황과 순서점진의 원칙에 따라 규정하며 최종적으로 전체 의원을 보통 선거로써 선출한다는 목표를 달성한다. 입법회의 선출에 관한 구체적인 방법과 법안, 의안의 의결 절차는 첨부 문건 2 〈홍콩특별행정구 입법회의 선출 방법과 의결 절차〉로 규정한다.

제69조 홍콩특별행정구 입법회는 제1기 임기가 2년인 경우를 제외하고 매 임기는 4년이다.

제70조 홍콩특별행정구 입법회를 행정장관이 이 법의 규정에 따라 해산하면 반드시 3개월 이내에 이 법 제68조의 규정에 따라 선거로 중임하여 선출하여야 한다.

제71조 홍콩특별행정구 입법회의 주석은 입법회 의원의 호선(互選)으로 선출한다. 홍콩특별행정구 입법회의 주석은 만 40세 이상으로 홍콩에서 통상적으로 연속하여 20년을 거주하고 외국에 거류권이 없는 홍콩특별행정구의 영구 주민 중의 중국 공민이 담당한다.

제72조 홍콩특별행정구 입법회의 주석은 다음의 직권을 행사한다.

(一) 회의를 주재한다.

(二) 의정을 결정하고 정부가 제출한 의안을 반드시 우선 의정에 포함한다.

(三) 개회 시간을 결정한다.

(四) 정회 기간에 특별회의를 소집할 수 있다.

(五) 행정장관의 요구에 따라 긴급회의를 소집한다.

(六) 입법회의 의사규칙이 규정하는 그 밖의 직권을 행사한다.

제73조 홍콩특별행정구 입법회는 다음의 직권을 행사한다.

(一) 이 법의 규정에 근거하여 법정 절차에 따라 법률을 제정, 개정, 폐지한다.

(二) 정부의 제안에 따라 재정예산을 심사하고 의결한다.

(三) 세수를 비준하고 지출을 공개한다.

(四) 행정장관의 시정 보고서를 청취하고 변론을 실시한다.

(五) 정부의 업무에 대하여 질의한다.

(六) 모든 공공 이익에 관한 문제에 대하여 변론을 실시한다.

(七) 최종심법원의 법관과 고등법원의 수석법관의 임면에 동의한다.

(八) 홍콩 주민의 제소를 수용하고 처리한다.

(九) 만약 입법회 전체 의원의 4분의 1이 연합하여 행정장관에게 심각한 위법 사실 또는 독직행위가 있음을 지적하여도 사직하지 아니하면 입법회는 조사를 의결하며 입법회는 최종심법원의 수석법관이 독립적인 조사위원회를 구성하도록 위탁하여 주석을 담당할 수 있다. 조사위원회는 조사를 실시하고 입법회에 보고서를 제출한다. 같은 조사위원회가 상술한 지적이 충분한 증거가 있다고 판단하는 경우 입법회는 전체 의원의 3분의 2의 다수로 의결하여 탄핵안을 제출할 수 있으며 중앙인민정부에 보고하고 중앙인민정부가 결정한다.

(十) 상술한 각종 직권을 행사할 시 필요에 따라 유관 인사를 소환하여 증인으로 증언하거나 증거를 제공하도록 할 수 있다.

제74조 홍콩특별행정구의 입법회 의원은 이 법의 규정에 근거하여 법정 절차에 따라 법률 초안을 제출함에 있어 공공의 기출 또는 정치 체제 또는 정부의 운영에 관련되지 아니한 경우 입법회 의원이 개별 또는 연합하여 제출할 수 있다. 정부의 정책과 관련이 있는 경우 제출 전에 반드시 행정장관의 서면 동의를 득하여야 한다.

제75조 홍콩특별행정구 입법회가 회의를 개최하는 법정 정족수는 전체 의원의 2분의 1보다 적어서는 아니 된다. 입법회의 의사규칙은 입법회가 자체적으로 제정하나 이 법과 상호 저촉되어서는 아니 된다.

제76조 홍콩특별행정구 입법회가 의결한 법안은 반드시 행정장관이 서명, 공포하여야 효력을 발생한다.

제77조 홍콩특별행정구 입법회 의원의 입법회 회의에서의 발언은 법률의 추궁

을 받지 아니한다.

제78조 홍콩특별행정구 입법회 의원은 회의에 출석 시와 출석 과정 중에는 체포할 수 없다.

제79조 홍콩특별행정구 입법회 의원에게 다음의 정황 중 하나가 있는 경우 입법회 주석이 입법회 의원 자격의 상실을 선고한다.

(一) 심각한 질병 또는 그 밖의 정황으로 인하여 직무를 집행할 수 없는 경우

(二) 입법회 주석의 동의를 득하지 아니하고 연속 3개월 이상 회의에 출석하지 아니하고 합리적인 해명을 하지 아니한 경우

(三) 홍콩특별행정구의 영구 주민 신분을 상실하거나 포기한 경우

(四) 정부의 위임을 수용하여 공무 인원으로 임명된 경우

(五) 파산하거나 법정이 채무의 상환을 재정하였으나 이행하지 아니한 경우

(六) 홍콩특별행정구 구역 내 또는 구역 외에서 형사죄의 판결로 1개월 이상의 감금에 처하고 입법회 주석회의의 인원 3분의 2 이상이 그 직무의 해제를 의결한 경우

(七) 신중하지 못한 행위 또는 선서를 위반하여 입법회 회의 출석 의원의 3분의 2가 견책을 의결한 경우

제4절 사법기관

제80조 홍콩특별행정구의 각급 법원은 홍콩특별행정구의 사법기관이며 홍콩특별행정구의 심판권을 행사한다.

제81조 홍콩특별행정구는 최종심법원, 고등법원, 지역법원, 재판서법정과 그 밖의 전문법정을 설치한다. 고등법원은 항소법정과 제1심법정을 설치한다. 원래 홍콩에서 실행하는 사법제도는 홍콩특별행정구의 최종심법원의 설립으로 인하여 변동이 발생한 경우를 제외하고 유지한다.

제82조 홍콩특별행정구의 최종심권은 홍콩특별행정구 최종심법원에 속한다. 최종심법원은 필요에 따라 그 밖의 일반법 적용 지역의 법관을 초청하여 심판에 참여하게 할 수 있다.

第83조 홍콩특별행정구의 각급 법원의 조직과 직권은 법률로써 정한다.

第84조 홍콩특별행정구의 법원이 이 법 제18조의 규정에 따라 홍콩특별행정구에 적용하는 법률심판 안건은 그 밖의 일반법 적용 지역의 사법 판례를 참고할 수 있다.

第85조 홍콩특별행정구 법원은 독립적으로 심판을 진행하며 어떠한 간섭도 받지 아니하고 사법 인원이 심판 직책을 이행하는 행위는 법률의 추궁을 받지 아니한다.

第86조 원래 홍콩에서 시행하는 배심제도의 원칙은 유지한다.

第87조 홍콩특별행정구의 형사소송과 민사소송 중 원래 홍콩에 적용하던 원칙과 당사자가 향유하는 권리는 유지한다. 어떠한 사람도 합법적으로 체포된 후 사법기관의 공정 심판을 받을 권리를 향유하며 사법기관이 판죄(判罪)하기 전에는 모두 무죄로 가정한다.

第88조 홍콩특별행정구 법원의 법관은 현지 법관과 법조계 및 그 밖의 분야의 지명도 있는 인사로 구성된 독립위원회가 추천하며 행정장관이 임명한다.

第89조 홍콩특별행정구 법원의 법관은 오직 직책을 이행할 능력이 없거나 행위가 신중하지 못한 정황 하에서만 행정장관이 최종심법원의 수석법관이 임명한 3명보다 적지 아니한 현지의 법관으로 구성된 심의정(審議庭)의 건의에 근거하여 면직할 수 있다. 홍콩특별행정구 최종심법원의 수석법관은 오직 직책을 이행할 능력이 없거나 행위가 신중하지 못한 정황 하에서만 행정장관이 5명보다 적지 아니한 현지의 법관으로 구성된 심의정에서 심의를 진행하며 그 건의에 근거하여 이 법이 규정하는 절차에 따라 면직할 수 있다.

第90조 홍콩특별행정구 최종심법원과 고등법원의 수석법관은 외국에 거류권이 없는 홍콩특별행정구의 영구 주민 중의 중국 공민이 담당하여야 한다. 이 법 제88조와 제89조가 규정하는 절차 이외에 홍콩특별행정구 최종심법원의 법관과 고등법원의 수석법관의 임명과 면직은 반드시 행정장관이 입법회의 동의를 득하여 전국인민대표대회 상무위원회에 보고하고 등록 비치하여야 한다.

第91조 홍콩특별행정구 법관 이외의 그 밖의 사법 인원의 원래의 임면제도는 계속 유지한다.

제92조 홍콩특별행정구의 법관과 그 밖의 사법 인원은 그 본인의 사법과 전문적인 재능에 따라 선임되어야 하며 그 밖의 일반법 적용 지역에서 초빙할 수 있다.

제93조 홍콩특별행정구 설립 전에 홍콩에서 임직한 법관과 그 밖의 사법 인원은 모두 유임할 수 있으며 그 연수는 유지하고 임금, 보조금, 복지 대우와 복무 조건은 원래의 기준보다 낮아서는 아니 된다. 퇴직 또는 규정에 부합하게 이직하는 법관과 그 밖의 사법 인원은 홍콩특별행정구 설립 전이 이미 퇴직하거나 이직한 경우 그 소속 국적 또는 거주 지점을 논하지 아니하고 홍콩특별행정구의 정부가 원래의 기준보다 낮지 아니하게 그들과 그 가족에게 상응하는 퇴직금, 보수금, 보조금과 복지금을 지급한다.

제94조 홍콩특별행정구 정부는 원래 홍콩에서 시행하던 방법을 참조하여 현지와 외래의 변호사의 홍콩특별행정구에서의 작업과 개업에 관한 규정을 제정할 수 있다.

제95조 홍콩특별행정구 정부는 전국의 그 밖의 지역의 사법기관과 협의하여 법에 따라 사법 분야의 연계와 상호 협조를 제공할 수 있다.

제96조 중앙인민정부의 협조와 수권 하에서 홍콩특별행정구 정부는 외국과 사법에 관하여 상호 협력 관계를 적절히 안배할 수 있다.

제5절 지역조직

제97조 홍콩특별행정구는 비정부적인 지역조직을 설립하여 홍콩특별행정구 정부의 관련 지역의 관리와 그 밖의 사무에 관한 자문을 수용하거나 문화, 건강, 환경위생 등 서비스의 제공을 담당할 수 있다.

제98조 지역조직의 직권과 구성 방법은 법률로 규정한다.

제6절 공무 인원

제99조 홍콩특별행정구 정부의 각 부서에서 임직하는 공무 인원은 반드시 홍콩

특별행정구의 영구 주민이어야 한다. 이 법 제101조에 외국 국적 공무 인원에 대한 별도의 규정이 있거나 법률이 어떠한 직급 이하를 규정한 경우는 이에 제한하지 아니한다. 공무 인원은 반드시 충심으로 직무를 수행하여야 하며 홍콩특별행정구 정부에 대하여 책임져야 한다.

제100조 홍콩특별행정구 설립 전의 홍콩정부 각 부서는 경찰부서에 임직하는 공무 인원은 모두 유임하며 그 근속 연수는 유지하고 임금, 보조금, 복지 우대와 복무 조건은 원래의 기준보다 낮지 아니하다.

제101조 홍콩특별행정구 정부는 원 홍콩 공무 인원에서 임용하거나 홍콩특별행정구의 영구 주민 신분증을 소지한 영국 국적과 그 밖의 외국 국적의 인사가 정부 부서의 각급 공무 인원을 담당하게 할 수 있으나 각 사의 사장, 부사장, 각 국의 국장, 염정 인원, 심사회계서 서장, 경무처 처장, 출입국 사무처 처장, 세관의 관장은 반드시 외국에 거류권이 없는 홍콩특별행정구의 영구 주민 중의 중국 공민이 담당하여야 한다. 홍콩특별행정구 정부는 영국 국적과 그 밖의 외국 국적을 가진 인사를 초빙하여 정부 부서의 고문을 담당하게 할 수 있으며 필요 시 홍콩특별행정구 이외의 지역에서 자격에 부합하는 인원을 초빙하여 정부 부서의 전문적이고 기술적인 직무를 담당하게 할 수 있다. 상술한 외국 국적 인사는 개인의 신분으로서만 초빙에 응할 수 있으며 홍콩특별행정구의 정부에 대하여 책임져야 한다.

제102조 퇴직 또는 규정에 부합하게 이직하는 공무 인원은 홍콩특별행정구 설립 전에 퇴직 또는 공무에 부합하게 이직하는 공무 인원을 포함하며 그 소속 국적 또는 거주 지점을 논하지 아니하고 홍콩특별행정구 정부가 원래의 기준보다 낮지 아니하게 그들 또는 그 가족에게 상응하는 퇴직금, 보수금, 보조금과 복지금을 지급한다.

제103조 공무 인원은 그 본인의 자격, 경험과 재능에 근거하여 임용하고 진급하며 홍콩의 원래 공무 인원에 대한 초빙, 고용, 심사, 기율, 교육과 관리에 관한 제도는 공무 인원의 임용, 임금, 복무 조건을 담당하는 전문기구를 포함하며 외국 국석 인원에게 특권을 부여하는 규정을 제외하고 유지한다.

제104조 홍콩특별행정구의 행정장관, 주요 관원, 행정회의 구성원, 입법회 의원, 각급 법원의 법관과 그 밖의 사법 인원은 취임 시 반드시 법에 따라 중화인민공화국 홍콩특별행정구 기본법을 지지할 것을 선서하고 중화인민공화국 홍콩특별행정구에 충성을 다할 것을 선서하여야 한다.

제5장 경제

제1절 재정, 금융, 무역과 상공업

제105조 홍콩특별행정구는 법에 따라 개인과 법인 재산의 취득, 사용, 처치와 승계의 권리를 보호하며 개인과 법인 재산의 수용 시 피수용 재산의 소유인은 보상을 획득할 권리를 보호한다. 수용 재산의 보상은 같은 재산의 당시의 실제적 가치에 상응하여야 하며 자유로이 교환이 가능하고 무고하게 지급을 연기하여서는 아니 된다. 기업소유권과 외래 투자는 모두 법률의 보호를 받는다.

제106조 홍콩특별행정구는 재정의 독립을 유지한다. 홍콩특별행정구의 재정수입은 전부 자체의 필요에 따라 사용하며 중앙인민정부에 상납하지 아니한다. 중앙인민정부는 홍콩특별행정구 내에서 과세하지 아니한다.

제107조 홍콩특별행정구의 재정예산은 수입에 따른 지출(量入爲出)을 원칙으로 하며 수지의 평형을 추구하고 적자를 피하며 현지 생산 총액의 성장률과 상호 부응하여야 한다.

제108조 홍콩특별행정구는 독립적인 과세제도를 실시한다. 홍콩특별행정구는 원래 홍콩에서 시행하던 저세정책을 참조하여 자체적으로 법을 제정하여 세금의 종류, 세율, 세수의 면제와 그 밖의 세무 사항을 규정한다.

제109조 홍콩특별행정구 정부는 적당한 경제와 법률적 환경을 제공하여 홍콩의 국제금융 중심의 지위를 유지한다.

제110조 홍콩특별행정구의 화폐금융제도는 법률로 규정한다. 홍콩특별행정구 정부는 자체적으로 화폐금융정책을 제정하여 금융기업과 금융시장의 경영의 자유를 보장하고 법에 따라 관리와 감독을 실시한다.

제111조 홍콩 달러는 홍콩특별행정구의 법정 화폐이며 계속 유통된다. 홍콩 달

러의 발행권은 홍콩특별행정구의 정부에 속한다. 홍콩 달러의 발행은 반드시 100%의 준비금이 있어야 한다. 홍콩 달러의 발행제도와 준비금제도는 법률로 규정한다. 홍콩특별행정구의 정부는 홍콩 달러의 발행 기초가 건전하고 발행의 안배가 홍콩 달러의 안정화 목표를 유지하는 데 부합하다는 조건 하에서 지정 은행에 법정 권한에 따라 홍콩 달러를 발행하거나 계속 발행하도록 수권할 수 있다.

제112조 홍콩특별행정구는 외환통제정책을 시행하지 아니한다. 홍콩 달러는 자유롭게 교환한다. 외환, 황금, 증권, 선물 등의 시장을 계속 개방한다. 홍콩특별행정구 정부는 자금의 유동과 수출입 자유를 보장한다.

제113조 홍콩특별행정구의 외환기금은 홍콩특별행정구 정부가 관리하고 지배하며 주로 홍콩 달러의 매매 가격을 조절하는 데 사용한다.

제114조 홍콩특별행정구는 자유항구의 지위를 유지하며 법률에 별도의 규정이 있는 경우를 제외하고 관세를 징수하지 아니한다.

제115조 홍콩특별행정구는 자유무역정책을 시행하여 화물, 무형재산과 자본의 유통의 자유를 보장한다.

제116조 홍콩특별행정구는 단독적인 관세지역이다. 홍콩특별행정구는 "중국 홍콩"이라는 명의 하에서 〈관세 및 무역에 관한 일반 협정(關稅和貿易總協定)〉, 국제 섬유제품에 관한 무역 조정 등 유관 국제조직과 국제무역 협정에 참여할 수 있으며 무역 특혜를 포함한다. 홍콩특별행정구가 취득한 이전에 취득하고 계속 유효한 수출할당액, 관세 우대와 달성한 그 밖의 유사한 조치는 전부 홍콩특별행정구가 향유한다.

제117조 홍콩특별행정구는 당시의 원산지 규칙에 따라 제품에 원산지 출처증을 서명 발행할 수 있다.

제118조 홍콩특별행정구 정부는 경제와 법률적 환경을 제공하여 각종 투자, 기술 진보를 장려하고 신흥 산업을 개발한다.

제119조 홍콩특별행정구 정부는 적당한 정책을 제정하여 제조업, 상업, 여행업, 부동산산입, 운수업, 공공사업, 서비스산업, 농어업 등 각 산업의 발전을 촉진

하고 협조하며 환경 보호에 주의한다.

제2절 토지 계약

제120조 홍콩특별행정구 설립 이전이 이미 비준, 결정 또는 기한을 연장하는 1997년 6월 30일을 초과하는 모든 토지 계약과 토지 계약과 관련된 일체의 권리는 모두 홍콩특별행정구의 법률로써 계속 승인하고 보호한다.

제121조 1985년 5월 27일부터 1997년 6월 30일까지 비준하거나 원래 기간 연장 권리가 없으나 기간 연장을 취득한 경우 1997년 6월 30일을 초과하고 2047년 6월 30일을 초과하지 아니하는 일체의 토지 계약은 임차인이 1997년 7월 1일부터 지가를 보충하지 아니하나 단 매해 당일 같은 토지에 부과하여야 하는 토지 평가액의 3%에 해당하는 임대금을 납부하여야 한다. 이후에 토지 평가액의 변동에 따라 임대금을 조정한다.

제122조 원래의 구 약정지역, 향촌가옥, 소규모 대지와 유사한 농촌 토지는 같은 토지가 1984년 6월 30일의 승계인이거나 같은 날 이후 비준한 소규모 대지의 임차인으로서 그 부친이 1898년 이래 홍콩의 향촌에 거주하였던 사람에 한하여 기존의 임대료는 계속 유지된다. 다만 같은 토지의 임차인이 기존의 본인 또는 합법적인 부친의 승계인이어야 한다.

제123조 홍콩특별행정구 설립 이후 만기가 되어 기간연장권이 없는 토지 계약은 홍콩특별행정구가 자체적으로 법률과 정책을 제정하여 처리한다.

제3절 운항

제124조 홍콩특별행정구는 원래 홍콩에서 시행하던 운항 경영과 관리 체제를 유지하며 선원의 관리제도를 포함한다. 홍콩특별행정구 정부가 자체적으로 운항 분야의 구체적인 직능과 책임을 규정한다.

제125조 홍콩특별행정구는 중앙 인민정부의 수권으로 계속 선박 등기를 실시하고 홍콩특별행정구의 법률에 근거하여 "중국 홍콩"의 명의로 관련 증명서를 발급한다.

제126조 외국 군용 선박이 홍콩특별행정구에 진입함에 있어 중앙인민정부의 특별 허가를 득하여야 하는 경우를 제외하고 그 밖의 선박은 홍콩특별행정구 법률에 근거하여 그 항구를 출입한다.

제127조 홍콩특별행정구의 사영 운항 및 운항과 관련된 기업 및 사영 컨테이너 항구는 계속 자유로이 경영한다.

제4절 민간항공

제128조 홍콩특별행정구 정부는 여건을 마련하고 조치를 취하여 홍콩의 국제와 지역 항공센터의 지위를 유지하여야 한다.

제129조 홍콩특별행정구는 계속 원래의 홍콩에서 시행하던 민간항공관리제도를 시행하며 중앙인민정부의 비행기 국적 표지와 등기 표지에 관한 규정에 따라 자체적인 비행기 등기부를 설치하여야 한다. 외국의 국가 항공기의 홍콩특별행정구 진입은 반드시 중앙인민정부의 특별 허가를 득하여야 한다.

제130조 홍콩특별행정구는 자체적으로 민간항공의 일상적인 업무와 기술적 관리를 책임져야 하며 공항관리를 포함하고 홍콩특별행정구의 비행정보구역 내에 공중교통 서비스를 제공하고 국제 민간항공 조직과 지역적 운항계획 절차가 규정하는 그 밖의 직책을 수행하여야 한다.

제131조 중앙인민정부는 홍콩특별행정구 정부의 협상에 따라 홍콩특별행정구에 등록하고 홍콩을 주요 영업지로 하는 항공회사와 중화인민공화국의 그 밖의 항공회사를 위하여 홍콩특별행정구와 중화인민공화국의 그 밖의 지역 간의 왕복 항공편을 제공한다.

제132조 모든 중화인민공화국의 그 밖의 지역이 그 밖의 국가와 지역을 왕복하는 홍콩특별행정구를 경유하는 정기 운항 노선과 홍콩특별행정구와 그 밖의 국가 및 지역을 왕복하며 중화인민공화국 그 밖의 지역을 경유하는 정기 운항 노선과 관련된 민간항공 운송협정은 중앙인민정부가 체결한다. 중앙인민정부는 이 조 제1관이 지정하는 민간항공 운송협정을 체결할 시 홍콩특별행정구의 특수한 상황과 경제적 이익을 고려하고 홍콩특별행정구 정부와 협상

하여야 한다. 중앙인민정부가 외국 정부와 이 조 제1관이 지정하는 항공편의 안배를 협의할 시 홍콩특별행정구 정부의 대표는 중화인민공화국 정부 대표단의 구성원으로 참가할 수 있다.

第133조 홍콩특별행정구 정부가 중앙인민정부의 구체적인 수권을 받는 것은 다음과 같다.

(一) 원래의 민간항공 운송협정과 협의의 연장 체결 또는 수정

(二) 새로운 민간항공 운송협정을 담판하여 체결하고 홍콩특별행정구에 등록하고 홍콩을 주요 영업지로 하는 항공회사를 위한 노선의 제공및 국경 통과와 기술적인 이착륙 권리

(三) 민간항공 운송협정을 체결하지 아니한 외국 또는 지역과 임시 협의의 담판 체결. 중국 내륙을 왕복 경유하지 아니하고 홍콩을 왕복 경유하는 정기 항공노선도 또한 이 조에서 말하는 민간항공 운송협정 또는 잠정협정으로 규정한다.

第134조 중앙인민정부는 홍콩특별행정구 정부에 다음을 수권한다.

(一) 그 밖의 당국과 협상하여 이 법 제133조가 지정하는 민간항공 운송협정과 임시 협의의 각종 안배 서명

(二) 홍콩특별행정구에 등록하고 홍콩을 주요 영업지로 하는 항공회사에 대한 허가증 발급

(三) 이 법 제133조가 지정하는 민간항공 운송협정과 임시 협의에 따른 항공회사의 지정

(四) 외국 항공회사에 대한 중국 내륙을 왕복 경유하는 항공 노선 이외의 그 밖의 항공 노선의 허가증 발급

第135조 홍콩특별행정구 설립 이전에 홍콩에 등록하고 홍콩을 주요 영업지로 하는 항공회사와 민간항공과 관련된 산업은 계속 경영할 수 있다.

제6장 교육, 과학, 문화, 체육, 종교. 노동과 사회 서비스

제136조 홍콩특별행정구 정부는 원래의 교육제도의 기초에서 자체적으로 교육의 발전과 개진하는 정책과 관련된 것을 자체적으로 제정하며 교육 체제와 관리, 교학언어, 경비 분배, 고시제도, 학위제도와 학력 승인 등의 정책을 포함한다. 사회단체와 개인은 법에 따라 홍콩특별행정구에서 각종 교육사업을 설립할 수 있다.

제137조 각 학교는 모두 그 자주성을 보존하고 학술의 자유를 향유하며 계속 홍콩특별행정구 이외에서 교직원을 초빙하고 교재를 선택할 수 있다. 종교조직이 설립한 학교는 계속 종교교육을 제공할 수 있으며 종교 과정의 개설을 포함한다. 학생은 학교의 선택과 홍콩특별행정구 이외의 학교에서 학습할 수 있는 자유가 있다.

제138조 홍콩특별행정구의 정부는 자체적으로 중서의약(동서의학)의 발전과 의료위생 서비스를 촉진할 수 있는 정책을 제정한다. 사회단체와 개인은 법에 따라 각종 의료위생 서비스를 제공할 수 있다.

제139조 홍콩특별행정구 정부는 자체적으로 과학기술정책을 제정하며 법률로써 과학기술의 연구 성과, 특허와 발명 창조를 보호한다. 홍콩특별행정구 정부는 자체적으로 홍콩에 적용하는 각종 과학, 기술 표준과 규격을 확정한다.

제140조 홍콩특별행정구 정부는 자체적으로 문화정책을 제정하며 법률로써 작가가 문학예술 창작 중 획득한 성과와 합법적인 권익을 보호한다.

제141조 홍콩특별행정구의 정부는 종교 신앙의 자유를 제한하지 아니하며 종교조직의 내부 사무를 간섭하지 아니하고 홍콩특별행정구의 법률과 저촉되지 아니하는 종교 활동을 제한하지 아니한다. 종교 조직은 법에 따라 재산의 취득, 사용, 처치, 승계 및 자금 지원 수용의 권리를 향유한다. 재산 분야에 원래 있던 권익은 여전히 유지하고 보호한다. 종교 조직은 원래의 방법에 따라 계속 종교학교, 그 밖의 학교, 병원과 복지기구를 설립할 수 있으며, 그 밖의 사회 서비스를 제공할 수 있다. 홍콩특별행정구의 종교조직과 신도는 그 밖의

지방의 종교조직과 신도와 관계를 유지하고 발전시킬 수 있다.

제142조 홍콩특별행정구 정부는 원래의 전문적인 제도를 유지하는 기초 하에서 자체적으로 각종 전문업종의 개업 자격을 심사 평가하는 방법을 제정한다. 홍콩특별행정구의 설립 전이 이미 전문업과 개업 자격을 취득한 경우 유관 법정과 전문업 수칙에 따라 원래의 자격을 유지한다. 홍콩특별행정구 정부는 계속 특별행정구의 설립 전이 이미 승인한 전문업과 전문업 단체를 인정하며, 인정하는 전문업 단체는 자체적으로 전문업 자격을 심사하고 수여할 수 있다. 홍콩특별행정구 정부는 사회 발전의 필요에 따라 관련 분야의 의견을 구하고 새로운 전문업과 전문업 단체를 승인한다.

제143조 홍콩특별행정구 정부는 자체적으로 체육정책을 제정한다. 민간체육단체는 법에 따라 계속 존속하고 발전할 수 있다.

제144조 홍콩특별행정구 정부는 원래 홍콩에서 시행하던 교육, 의료위생, 문화, 예술, 오락, 체육, 사회복지, 사회 활동 등 분야의 민간단체기구의 자금 지원 정책을 유지한다. 원래 홍콩 각 자금 지원 기구에서 임직하는 인원은 모두 원래의 제도에 따라 계속 초빙을 수용할 수 있다.

제145조 홍콩특별행정구 정부는 원래의 사회복지제도의 기초에서 경제 조건과 사회적 필요에 따라 자체적으로 발전, 개진하는 정책을 제정할 수 있다.

제146조 홍콩특별행정구에서 사회 서비스에 종사하는 자원단체는 법률에 저촉되지 아니하는 상황 하에서 자체적으로 그 서비스 방식을 결정할 수 있다.

제147조 홍콩특별행정구는 노동과 관련된 법률과 정책을 자체적으로 제정한다.

제148조 홍콩특별행정구의 교육, 과학, 기술, 문화, 예술, 체육, 전문업, 의료위생, 노동, 사회복지, 사회 활동 등 분야의 민간단체와 종교 조직은 내륙지방과 상응하는 단체와 조직과의 관계에서 서로 예속되지 아니하고 서로 간섭하지 아니하며 상호 존중하는 원칙을 기초로 삼아야 한다.

제149조 홍콩특별행정구의 교육, 과학, 기술, 문화, 예술, 체육, 전문업, 의료위생, 노동, 사회복지, 사회 활동 등 분야의 민간단체와 종교조직은 세계 각국, 각 지역 및 국제적인 유관단체와 조직과 관계를 유지하고 발전시키며 각 같

은 단체와 조직은 필요에 따라 "중국 홍콩"의 명의로 관련 활동에 참여할 수 있다.

제7장 대외사무

제150조 홍콩특별행정구 정부의 대표는 중화인민공화국 정부 대표단의 구성원으로 중앙인민정부가 진행하는 홍콩특별행정구와 직접 관계가 있는 외교 담판에 참여할 수 있다.

제151조 홍콩특별행정구는 경제, 무역, 금융, 운항, 통신, 여행, 문화, 체육 등 영역에서 "중국 홍콩"의 명의로 단독으로 세계 각국, 각 지역 및 유관 국제조직과 관계를 유지하고 발전시키며 유관 협의를 체결하고 이행할 수 있다.

제152조 국가를 단위로 참여하고 홍콩특별행정구와 관련이 있으며 적절한 분야의 국제조직과 국제회의에 대하여 홍콩특별행정구 정부는 대표를 파견하여 중화인민공화국 대표단의 구성원 또는 중앙인민정부와 상술한 유관 국제조직 또는 국제회의가 허가하는 신분으로 참가할 수 있으며 아울러 "중국 홍콩"의 명의로 의견을 발표할 수 있다. 홍콩특별행정구는 "중국 홍콩"의 명의로 국가를 단위로 하지 아니하는 국제조직과 국제회의에 참여할 수 있다. 중화인민공화국이 이미 참여하고 홍콩 역시 모종의 형식으로 참가한 국제조직에 대하여 중앙인민정부는 필요한 조치를 취하여 홍콩특별행정구가 적절한 형식으로 계속 이러한 조직에서의 지위를 유지하도록 조치할 수 있다. 중화인민공화국이 아직 참여하지 아니하고 홍콩이 이미 모종의 형식으로 참여한 국제조직에 대하여 중앙인민정부는 필요에 따라 홍콩특별행정구가 적절한 형식으로 계속 이러한 조직에 참여하도록 조치할 수 있다.

제153조 중화인민공화국이 체결한 국제 협의에 대하여 중앙인민정부는 홍콩특별행정구의 상황과 필요에 근거하여 홍콩특별행정구 정부의 의견을 구한 후 홍콩특별행정구에 적용 여부를 결정할 수 있다. 중화인민공화국이 아직 참여하지 아니하였으나 이미 홍콩에 적용한 국제 협의는 여전히 적용한다. 중앙인

민정부는 필요에 따라 홍콩특별행정구에 수권하여 적절히 안배하도록 협조하여 그 밖의 유관 국제 협의를 홍콩특별행정구에 적용한다.

제154조 중앙인민정부는 홍콩특별행정구 정부에 수권하여 법률에 따라 홍콩특별행정구의 영구 주민 신분증을 소지한 중국 공민이 중화인민공화국 홍콩특별행정구 여권을 소지하도록 할 수 있으며 홍콩특별행정구에 있는 그 밖의 합법적인 거류자에게 중화인민공화국 홍콩특별행정구의 그 밖의 여행증명서를 발급하도록 한다. 상술한 여권과 증명서는 각 국과 각 지역의 이동에 유효하며 소유인의 홍콩특별행정구에 귀국할 수 있는 권리를 명기한다.

제155조 중앙인민정부는 홍콩특별행정구 정부가 각국 또는 각 지역과 상호 비자면제 협의를 체결하는 데 수권하고 협조한다.

제156조 홍콩특별행정구는 필요에 따라 외국에 정부 또는 준정부의 경제무역기구를 설립할 수 있으며 중앙인민정부에 보고하고 등록 비치한다.

제157조 외국이 홍콩특별행정구에 설립한 영사기구 또는 그 밖의 정부, 준정부기구는 반드시 중앙인민정부의 비준을 득하여야 한다. 이미 중앙인민공화국과 정식 외교 관계를 수립한 국가가 홍콩에 설립한 영사기구와 그 밖의 정부기구는 유지할 수 있다. 아직 중화인민공화국과 정식 외교 관계를 수립하지 아니한 국가가 홍콩에 설립한 영사기구와 그 밖의 정부기구는 상황에 따라 유지를 허가하거나 준정부기구로 변경할 수 있다. 아직 중화인민공화국이 승인하지 아니하는 국가는 오직 홍콩특별행정구에 민간기구만을 설립할 수 있다.

제8장 이 법의 해석과 개정

제158조 이 법의 해석권은 전국인민대표대회 상무위원회에 속한다. 전국인민대표대회 상무위원회는 홍콩특별행정구 법원에 수권하여 안건을 처리할 때 이 법의 홍콩특별행정구 자치 범위에 포함되는 조항은 자체적으로 해석한다. 홍콩특별행정구 법원은 안건 심리 시 이 법의 그 밖의 조항에 대하여 해석할 수 있다. 다만 홍콩특별행정구 법원은 안건 심리 시 이 법의 중앙인민정부가 관

리하는 사무 또는 중앙과 홍콩특별행정구 관계에 관한 조항에 대하여 해석하고 같은 조항의 해석이 안건의 판결에 영향을 미치는 경우 같은 안건에 대하여 상소할 수 없는 확정 판결을 내리기 전에 홍콩특별행정구 최종심법원이 전국인민대표대회 상무위원회에 유관 조항에 대한 해석을 요청하여야 한다. 만약 전국인민대표대회 상무위원회의 해석하고 홍콩특별행정구 법원이 같은 조항을 인용할 시 전국인민대표대회 상무위원회의 해석을 기준한다. 다만 이전의 판결은 영향을 받지 아니한다. 전국인민대표대회 상무위원회는 이 법에 대하여 해석하기 전에 그 소속된 홍콩특별행정구 기본법 위원회의 의견을 구하여야 한다.

第159조 이 법의 개정권은 전국인민대표대회에 있다. 이 법의 개정제안권은 전국인민대표대회 상무위원회, 국무원과 홍콩특별행정구에 있다. 홍공득벌행성구의 개정 의안은 반드시 홍콩특별행정구의 전국인민대표대회 대표의 3분의 2의 다수, 홍콩특별행정구 입법회 전체의원 3분의 2 이상과 홍콩특별행정구 행정장관의 동의를 득한 후 전국인민대표대회에 출석하는 홍콩특별행정구 대표단이 전국인민대표대회에 제출한다. 이 법의 개정 의안은 전국인민대표대회의 의정에 포함되기 전에 먼저 홍콩특별행정구 기본법 위원회가 연구하고 의견을 제시한다. 이 법의 어떠한 개정도 모두 중화인민공화국의 홍콩에 대한 기본 방침 및 정책과 상호 저촉될 수 없다.

제 9 장 부칙

第160조 홍콩특별행정구 설립 시 홍콩의 원래의 법률은 전국인민대표대회 상무위원회가 이 법과 저촉됨을 선포하는 경우를 제외하고 홍콩특별행정구를 채택하며 이후에 기존의 법률과 이 법이 저촉됨을 발견하면 이 법이 규정하는 절차에 따라 개정하거나 효력을 정지한다. 홍콩의 원래 법률 하에서 효력을 발생하는 문건, 증명서, 계약과 권리 의무는 이 법과 저촉되지 아니하는 전제하에서 계속 효력을 발생하며 홍콩특별행정구의 승인과 보호를 받는다.

[첨부 문서 1: 홍콩특별행정구 행정장관의 선출 방법]

一. 2010년 제4대 행정장관을 인선하는 선거위원회는 모두 1,200명이며 다음 각 분야의 인사로 구성한다.

상공, 금융계 300인,

전문업계 300인,

노동, 사회 서비스, 종교 등 분야 300인 대표,

홍콩특별행정구 전국인민대표대회, 홍콩특별행정구 전국정협위원의 대표 300인 선거위원의 매 임기는 5년이다.

二. 150명보다 적지 아니한 선거 인원은 행정장관 후보자를 연합하여 추천할 수 있다. 선거인원 1인당 1명의 후보자만을 추천할 수 있다.

三. 각 분야의 구분 및 각 분야 종 어떠한 조직은 선거위원의 인원 수를 선거인원의 인원 수를 선출할 수 있으며 홍콩특별행정구가 민주, 개방의 원칙에 근거하여 제정한 선거법으로 규정한다. 선거 위원은 개인의 신분으로 투표한다.

四. 100명보다 적지 아니한 선거 인원은 연합하여 행정장관 후보자를 추천할 수 있다. 선거 인원 1인당 1명의 후보자를 추천할 수 있다.

五. 선거위원회는 추천 명단에 근거하여 1인 1표의 무기명 투표로 행정장관 후보자를 선출한다. 구체적인 방법은 선거법으로 규정한다.

六. 제1대 행정장관은 〈전국인민대표대회의 홍콩특별행정구 제1대 정부와 입법회의 선출방법에 관한 결정〉에 따라 선출한다.

七. 2007년 이후의 각 임기의 행정장관의 선출 방법은 필요에 따라 개정하며 반드시 입법회 전체 의원 3분의 2 이상의 통과로 의결하고 행정장관이 동의하면 전국인민대표대회 상무위원회에 보고하고 비준을 득한다.

[첨부 문서 2: 홍콩특별행정구 입법회의 구성 방법과 의결 절차]

一. 입법회의 구성 방법

(一) 홍콩특별행정구 입법회 의원은 매기 60인이며 제1기 입법회는 〈전국인

민대표대회의 홍콩특별행정구 제1기 정부와 입법회의 구성 방법에 관한 결정〉에 따라 구성한다. 제2기, 제3기 입법회의 구성은 다음과 같다.

제2기

기능단체가 선거하는 의원 30일

선거위원회가 선거하는 의원 6일

지역에 따라 직접 선거하는 의원 24인

제3기

기능단체가 선거하는 의원 30인

지역에 따라 직접 선거하는 의원 30인

(二)제1기 입법회를 제외하고 상술한 선거위원회는 이 법의 첨부 문서 1이 규정하는 선거위원회이다. 상술한 지역에 따라 직접 선거하는 선거구 구분, 투표 방법, 각 기능 분야과 법정 단체의 구분, 의원 인원 수의 분배, 선거 방법과 선거위원회의 의원 선거 방법은 홍콩특별행정구 정부가 제출하고 입법회의 의결을 통과한 선거법에 부가하여 규정한다.

二. 입법회의 법안, 의안에 대한 의결 절차

이 법에 별도의 규정이 있는 경우를 제외하고 홍콩특별행정구의 입법회는 법안과 의안의 의결에 대하여 다음의 절차를 채택한다. 정부가 제출한 법안이 회의에 출석한 전체 의원의 과반수 투표를 득한 경우 즉시 통과된다. 입법회 위원 개인이 제출한 의안, 법안과 정부 법안의 개정안은 모두 기능단체의 선거를 통하여 구성된 의원과 지역을 구분하여 직접 선거하고, 선거위원회가 선거하여 구성되는 의원의 양측이 각각 회의에 출석한 의원의 과반수 의결로 통과된다.

三. 2007년 이후 입법회의 구성 방법과 의결 절차

2007년 이후 홍콩특별행정구 입법회의 구성 방법과 법안, 의안의 의결 절차는 이 첨부 분서의 규정에 대하여 개정이 필요한 경우 입법회 전체 의원 3분의 2 이상의 통과하고 행정장관의 동의를 득하여 전국인민대표회 상무위원회에 보고하고 등록 비치한다.

2012년 제5기 입법회의 의원은 총 70명이며, 그 구성원은 다음과 같다.

기능단체가 선거한 의원 35인

지역에 따라 직접 선거하는 의원 35인

[첨부 문서 3: 홍콩특별행정구에서 실시하는 전국성 법률]

다음의 전국성 법률은 1997년 7월 1일부터 홍콩특별행정구에서 현지 공포되거나 입법하여 실시한다.

一. 〈중화인민공화국 국도, 연대 기록, 국가, 국기에 관한 결정(關於中華人民共和國國都, 紀年, 國歌, 國旗的決定)〉

二. 〈중화인민공화국 국경일에 관한 결정(關於中和人民共和國國慶日的決定)〉

三. 〈중앙 인민정부가 공포한 중화인민공화국 국휘에 관한 명령(中央人民政府公布中華人民共和國國徽的決定)〉 부: 국휘의 도안, 설명, 사용 방법

四. 〈중화인민공화국 정부의 영해에 관한 성명(中華人民共和國政府關於領海的聲明)〉

五. ≪중화인민공화국국적법(中華人民共和國國籍法)≫

六. ≪중화인민공화국 외교특권과 면제조례(中華人民共和國外交特權與豁免條例)≫

부록 2

남북 관계 발전에 관한 법률

[시행 2006.6.30.]

[법률 제7763호]

제1장 총칙

제1조(목적) 이 법은 「대한민국 헌법」이 정한 평화적 통일을 구현하기 위하여 남한과 북한의 기본적인 관계와 남북 관계의 발전에 관하여 필요한 사항을 규정함을 목적으로 한다.

제2조(기본 원칙) ① 남북 관계의 발전은 자주·평화·민주의 원칙에 입각하여 남북공동 번영과 한반도의 평화 통일을 추구하는 방향으로 추진되어야 한다.

② 남북 관계의 발전은 국민적 합의를 바탕으로 투명과 신뢰의 원칙에 따라 추진되어야 하며, 남북 관계는 정치적·파당적 목적을 위한 방편으로 이용되어서는 아니 된다.

제3조(남한과 북한의 관계) ① 남한과 북한의 관계는 국가 간의 관계가 아닌 통일을 지향하는 과정에서 잠정적으로 형성되는 특수 관계이다.

② 남한과 북한 간의 거래는 국가 간의 거래가 아닌 민족 내부의 거래로 본다.

제4조(정의) 이 법에서 사용하는 용어의 정의는 다음과 같다.

1. "남북회담대표"라 함은 특정한 목적을 위하여 정부를 대표하여 북한과의 교섭 또는 회담에 참석하거나 남북합의서에 서명 또는 가서명하는 권한을 가진 자를 말한다.

2. "대북특별사절"이라 함은 북한에서 행하여지는 주요 의식에 참석하거나 특정한 목적을 위하여 정부의 입장과 인식을 북한에 전하거나 이러한 행위와 관련하여 남북합의서에 서명 또는 가서명하는 권한을 가진 자를 말한다.

3. "남북합의서"라 함은 정부와 북한 당국 간에 문서의 형식으로 체결된 모든

합의를 말한다.

제5조(다른 법률과의 관계) 이 법 중 남북회담대표, 대북특별사절 및 파견공무원에 관한 규정은 다른 법률에 우선하여 적용한다.

제 2 장 남북 관계 발전과 정부의 책무

제6조(한반도 평화 증진) ① 정부는 남북 화해와 한반도의 평화를 증진시키기 위하여 노력한다.

② 정부는 한반도 긴장 완화와 남한과 북한 간 정치·군사적 신뢰 구축을 위한 시책을 수립·시행한다.

제7조(남북경제공동체 구현) ① 정부는 민족경제의 균형적 발전을 통하여 남북경제공동체를 건설하도록 노력한다.

② 정부는 남북경제 협력을 활성화하고 이를 위한 제도적 기반을 구축하는 등 남한과 북한 공동의 경제적 이익을 증진시키기 위한 시책을 수립·시행한다.

제8조(민족동질성 회복) ① 정부는 사회문화 분야의 교류 협력을 활성화함으로써 민족동질성을 회복하도록 노력한다.

② 정부는 지방자치단체 및 민간단체 등의 교류 협력을 확대·발전시켜 남한과 북한 간 상호 이해를 도모하고 민족의 전통문화 창달을 위한 시책을 수립·시행한다.

제9조(인도적 문제 해결) ① 정부는 한반도 분단으로 인한 인도적 문제 해결과 인권 개선을 위하여 노력한다.

② 정부는 이산가족의 생사·주소 확인, 서신 교환 및 상봉을 활성화하고 장기적으로 자유로운 왕래와 접촉이 가능하도록 시책을 수립·시행한다.

제10조(북한에 대한 지원) ① 정부는 인도주의와 동포애 차원에서 필요한 경우 북한에 대한 지원을 할 수 있다.

② 정부는 북한에 대한 지원이 효율적이고 체계적이며 투명하게 이루어질 수 있도록 종합적인 시책을 수립·시행한다.

제11조(국제사회에서의 협력 증진) 정부는 국제기구나 국제회의 등을 통하여 국

제사회에서 남북 공동의 이익을 증진시킬 수 있도록 노력한다.

제12조(재정상의 책무) 정부는 이 법에 규정된 정부의 책무를 이행하기 위하여 필요한 재원을 안정적으로 확보하기 위하여 노력한다.

제13조(남북관계발전기본계획의 수립) ① 정부는 남북관계 발전에 관한 기본계획(이하 "기본계획"이라 한다)을 5년마다 수립하여야 한다.

② 기본계획은 통일부 장관이 남북관계발전위원회의 심의를 거쳐 이를 확정한다. 다만, 예산이 수반되는 기본계획은 국회의 동의를 얻어야 한다.

③ 기본계획에는 다음 각 호의 사항이 포함되어야 한다.

1. 남북 관계 발전의 기본 방향
2. 한반도 평화 증진에 관한 사항
3. 남한과 북한 간 교류·협력에 관한 사항
4. 그 밖에 남북 관계 발전에 필요한 사항

④ 통일부 장관은 관계 중앙행정기관의 장과 협의를 거쳐 기본계획에 따른 연도별 시행계획을 수립하여야 한다.

⑤ 기본계획 및 연도별 시행계획을 수립한 경우 통일부 장관은 이를 국회에 보고하여야 한다.

제14조(남북관계발전위원회) ① 기본계획, 그 밖에 남북 관계 발전을 위한 중요사항을 심의하기 위하여 통일부에 남북관계발전위원회(이하 "위원회"라 한다)를 둔다.

② 위원회는 위원장 1인을 포함하여 25인 이내의 위원으로 구성하며, 제3항 제2호의 위원의 임기는 2년으로 한다.

③ 위원장은 통일부 장관이 되고, 위원은 다음 각 호의 자가 된다. 다만, 제2호의 위원 중 7인은 국회의장이 추천하는 자로 한다.

1. 대통령령이 정하는 관계 중앙행정기관의 차관급 공무원
2. 남북 관계에 대한 전문지식 및 경험이 풍부한 자 중에서 위원장이 위촉하는 자

④ 위원회에 간사 1인을 두되, 간사는 통일부 소속 공무원 중에서 위원장이 지명하는 자가 된다.

⑤ 위원회의 구성·운영 등에 관하여 필요한 사항은 대통령령으로 정한다.

제3장 남북회담대표 등

제15조(남북회담대표의 임명 등) ① 북한과 중요 사항에 관하여 교섭 또는 회담에 참석하거나 중요한 남북합의서에 서명 또는 가서명하는 남북회담대표의 경우에는 통일부 장관이 관계 기관의 장과 협의한 후 제청하고 국무총리를 거쳐 대통령이 임명한다.

② 통일부 장관은 북한과의 교섭 또는 회담 참석, 남북합의서의 서명 또는 가서명에 있어 남북회담대표가 된다.

③ 제1항 및 제2항의 경우를 제외한 남북회담대표는 통일부 장관이 임명한다.

④ 대북특별사절은 대통령이 임명한다.

⑤ 2인 이상의 남북회담대표 또는 대북특별사절을 임명할 경우에는 서열을 정하고 수석남북회담대표 또는 수석대북특별사절을 지정하여야 한다.

⑥ 그 밖에 남북회담대표 및 대북특별사절의 임명 등에 관하여 필요한 사항은 대통령령으로 정한다.

제16조(공무원의 파견) ① 정부는 남북 관계의 발전을 위하여 필요한 경우 공무원을 일정 기간 북한에 파견하여 근무하도록 할 수 있다.

② 공무원의 파견과 근무 등에 관하여 필요한 사항은 대통령령으로 정한다.

제17조(정부를 대표하는 행위 금지) 이 법에 의하지 아니하고는 누구든지 정부를 대표하여 다음 각 호의 어느 하나에 해당하는 행위를 할 수 없다.

1. 북한과 교섭 또는 회담하는 행위
2. 북한의 주요 의식에 참석하는 행위
3. 북한에 정부의 입장과 인식을 전달하는 행위
4. 남북합의서에 서명 또는 가서명하는 행위

제18조(지휘·감독 등) ① 통일부 장관은 남북회담대표 및 파견 공무원의 임무 수행, 남북회담 운영에 관하여 필요한 지휘·감독을 한다.

② 남북회담대표 및 파견 공무원의 임무 수행, 남북회담 운영 등 그 밖에 필

요한 사항은 대통령령으로 정한다.

제19조(공무원이 아닌 남북회담대표 등에 대한 예우) 정부는 공무원이 아닌 자를 남북회담대표 또는 대북특별사절로 임명한 때에는 대통령령에 의하여 예우를 하고 수당을 지급할 수 있다.

제20조(벌칙 적용에 있어서의 공무원 의제) 공무원이 아닌 자가 남북회담대표 또는 대북특별사절로 임명되어 이 법에 의한 직무를 수행하는 때에는 「형법」 제127조 및 제129조 내지 제132조의 적용에 있어서는 이를 공무원으로 본다.

제4장 남북합의서 체결

제21조(남북합의서의 체결 · 비준) ① 대통령은 남북합의서를 체결 · 비준하며, 통일부 장관은 이와 관련된 대통령의 업무를 보좌한다.

② 대통령은 남북합의서를 비준하기에 앞서 국무회의의 심의를 거쳐야 한다.

③ 국회는 국가나 국민에게 중대한 재정적 부담을 지우는 남북합의서 또는 입법 사항에 관한 남북합의서의 체결 · 비준에 대한 동의권을 가진다.

④ 대통령이 이미 체결 · 비준한 남북합의서의 이행에 관하여 단순한 기술적 · 절차적 사항만을 정하는 남북합의서는 남북회담대표 또는 대북특별사절의 서명만으로 발효시킬 수 있다.

제22조(남북합의서의 공포) 제21조의 규정에 의하여 국회의 동의 또는 국무회의의 심의를 거친 남북합의서는 「법령 등 공포에 관한 법률」의 규정에 따라 대통령이 공포한다.

제23조(남북합의서의 효력 범위 등) ① 남북합의서는 남한과 북한 사이에 한하여 적용한다.

② 대통령은 남북 관계에 중대한 변화가 발생하거나 국가안전 보장, 질서 유지 또는 공공복리를 위하여 필요하다고 판단될 경우에는 기간을 정하여 남북합의서의 효력의 전부 또는 일부를 정지시킬 수 있다.

③ 대통령은 국회의 체결 · 비준 동의를 얻은 남북합의서에 대하여 제2항의 규정에 따라 그 효력을 정지시키고자 하는 때에는 국회의 동의를 얻어야 한다.

부칙 〈제7763호, 2005.12.29〉

① (시행일) 이 법은 공포 후 6월이 경과한 날부터 시행한다.

② (경과 조치) 이 법 시행 전에 국회의 동의를 받아 체결·비준한 남북합의서는 이 법에 의한 남북합의서로 본다.

부록 3

남북교류협력에 관한 법률

[시행 2010.12.30.]
[법률 제9846호]

제1조(목적) 이 법은 군사분계선 이남 지역과 그 이북 지역 간의 상호 교류와 협력을 촉진하기 위하여 필요한 사항을 규정함으로써 한반도의 평화와 통일에 이바지하는 것을 목적으로 한다.
[전문 개정 2009.1.30]

제2조(정의) 이 법에서 사용하는 용어의 뜻은 다음과 같다.

1. "출입장소"란 군사분계선 이북 지역(이하 "북한"이라 한다)으로 가거나 북한으로부터 들어올 수 있는 군사분계선 이남 지역(이하 "남한"이라 한다)의 항구, 비행장, 그 밖의 장소로서 대통령령으로 정하는 곳을 말한다.
2. "교역"이란 남한과 북한 간의 물품, 대통령령으로 정하는 용역 및 전자적 형태의 무체물(이하 "물품 등"이라 한다)의 반출·반입을 말한다.
3. "반출·반입"이란 매매, 교환, 임대차, 사용대차, 증여, 사용 등을 목적으로 하는 남한과 북한 간의 물품 등의 이동(단순히 제3국을 거치는 물품 등의 이동을 포함한다. 이하 같다)을 말한다.
4. "협력사업"이란 남한과 북한의 주민(법인·단체를 포함한다)이 공동으로 하는 문화, 관광, 보건의료, 체육, 학술, 경제 등에 관한 모든 활동을 말한다.

[전문 개정 2009.1.30]

제3조(다른 법률과의 관계) 남한과 북한의 왕래·접촉·교역·협력사업 및 통신 역무(役務)의 제공 등 남한과 북한 간의 상호 교류와 협력(이하 "남북교류·협력"이라 한다)을 목적으로 하는 행위에 관하여는 이 법률의 목적 범위에서 다른 법률에 우선하여 이 법을 적용한다.

[전문 개정 2009.1.30]

제4조(남북교류협력 추진협의회의 설치) 남북교류 · 협력에 관한 정책을 협의 · 조정하고, 중요 사항을 심의 · 의결하기 위하여 통일부에 남북교류협력 추진협의회(이하 "협의회"라 한다)를 둔다.

[전문 개정 2009.1.30]

제5조(협의회의 구성) ① 협의회는 위원장 1명을 포함한 18명 이내의 위원으로 구성한다.

② 위원장은 통일부 장관이 되며, 협의회의 업무를 총괄한다.

③ 위원은 다음 각 호의 어느 하나에 해당하는 사람 중에서 국무총리가 임명하거나 위촉한다. 이 경우 위원 중 3명 이상은 제2호에 해당하는 사람으로 한다.

1. 차관 또는 차관급 공무원
2. 남북 교류 · 협력에 관한 전문지식과 경험을 갖춘 민간 전문가

④ 위원장이 부득이한 사유로 직무를 수행할 수 없을 때에는 위원장이 미리 지정한 위원이 직무를 대행한다.

⑤ 제3항 제1호에 해당하는 위원이 회의에 출석하지 못할 부득이한 사유가 있을 때에는 대통령령으로 정하는 바에 따라 그가 소속된 기관의 다른 공무원으로 하여금 회의에 대리출석하여 그의 권한을 대행하게 할 수 있다.

⑥ 협의회에는 위원장이 지명하는 간사 1명을 둔다.

[전문 개정 2009.1.30]

제6조(협의회의 기능) 협의회는 다음 각 호의 사항을 심의 · 의결한다.

1. 남북교류 · 협력에 관한 정책의 협의 · 조정 및 기본 원칙의 수립
2. 남북교류 · 협력에 관한 승인이나 그 취소 등에 관한 중요 사항의 협의 · 조정
3. 제14조에 따른 반출 · 반입 승인 대상 물품 등의 공고에 관한 사항
4. 협력사업에 대한 총괄 · 조정
5. 남북교류 · 협력 촉진을 위한 지원
6. 관계 부처 간의 협조가 필요한 남북교류 · 협력과 관련된 중요 사항
7. 그 밖에 위원장이 회의에 부치는 사항

[전문 개정 2009.1.30]

제7조(협의회의 회의와 운영) ① 협의회의 회의는 위원장이 소집한다.

② 협의회의 회의는 재적위원 과반수의 출석과 출석위원 과반수의 찬성으로 의결한다.

③ 그 밖에 협의회의 운영에 필요한 사항은 대통령령으로 정한다.

[전문 개정 2009.1.30]

제8조(실무위원회) ① 협의회에는 협의회에 상정할 의안(議案)을 준비하고, 협의회의 위임을 받은 사무를 처리할 실무위원회를 둔다.

② 실무위원회의 구성과 운영 등에 필요한 사항은 대통령령으로 정한다.

[전문 개정 2009.1.30]

제9조(남북한 방문) ① 남한의 주민이 북한을 방문하거나 북한의 주민이 남한을 방문하려면 대통령령으로 정하는 바에 따라 통일부 장관의 방문 승인을 받아야 하며, 통일부 장관이 발급한 증명서(이하 "방문증명서"라 한다)를 소지하여야 한다.

② 방문증명서는 유효 기간을 정하여 북한방문증명서와 남한방문증명서로 나누어 발급하며, 다음 각 호와 같이 구분한다.

1. 한 차례만 사용할 수 있는 방문증명서
2. 유효 기간이 끝날 때까지 여러 차례 사용할 수 있는 방문증명서(이하 "복수 방문증명서"라 한다)

③ 복수 방문증명서의 유효 기간은 5년 이내로 하며, 5년의 범위에서 연장할 수 있다.

④ 통일부 장관은 방문 승인을 하는 경우 대통령령으로 정하는 범위에서 북한 또는 남한에 머무를 수 있는 방문 기간(이하 "방문 기간"이라 한다)을 부여하여야 하고, 남북교류·협력의 원활한 추진을 위하여 대통령령으로 정하는 바에 따라 북한방문결과보고서 제출 등 조건을 붙일 수 있다.

⑤ 방문 승인을 받은 사람은 방문 기간 내에 한 차례에 한하여 북한 또는 남한을 방문할 수 있다.

⑥ 복수 방문증명서를 발급받은 사람 중 외국을 거치지 아니하고 북한 또는 남한을 직접 방문하는 사람 등 대통령령으로 정하는 사람은 제5항에도 불구하고 방문 기간 내에 횟수에 제한없이 북한 또는 남한을 방문할 수 있다. 다만, 방문 기간 내에라도 방문 목적이나 경로를 달리하여 방문할 경우에는 통일부 장관의 방문 승인을 별도로 받아야 한다.

⑦ 통일부 장관은 제1항 및 제6항 단서에 따라 방문 승인을 받은 사람이 다음 각 호의 어느 하나에 해당하는 경우에는 그 승인을 취소할 수 있다. 다만 제1호의 경우에는 그 승인을 취소하여야 한다.

1. 거짓이나 그 밖의 부정한 방법으로 방문 승인을 받은 경우
2. 제4항에 따른 조건을 위반한 경우
3. 남북 교류·협력을 해칠 명백한 우려가 있는 경우
4. 국가안전 보장, 질서 유지 또는 공공복리를 해칠 명백한 우려가 있는 경우

⑧ 다음 각 호의 어느 하나에 해당하는 사람(이하 "재외국민"이라 한다)이 외국에서 북한을 왕래할 때에는 통일부 장관이나 재외공관(在外公館)의 장에게 신고하여야 한다. 다만, 외국을 거치지 아니하고 남한과 북한을 직접 왕래할 때에는 제1항에 따라 발급된 방문증명서를 소지하여야 한다.

1. 외국 정부로부터 영주권을 취득하였거나 이에 준하는 장기 체류 허가를 받은 사람
2. 외국에 소재하는 외국 법인 등에 취업하여 업무 수행의 목적으로 북한을 방문하는 사람

⑨ 제8항에 따른 신고 절차 등에 관하여 필요한 사항은 대통령령으로 정한다.

[전문 개정 2009.1.30]

제9조의2(남북한 주민 접촉) ① 남한의 주민이 북한의 주민과 회합·통신, 그 밖의 방법으로 접촉하려면 통일부 장관에게 미리 신고하여야 한다. 다만, 대통령령으로 정하는 부득이한 사유에 해당하는 경우에는 접촉한 후에 신고할 수 있다.

② 방문증명서를 발급받은 사람이 그 방문 목적의 범위에서 당연히 인정되는 접촉을 하는 경우 등 대통령령으로 정하는 경우에 해당하면 제1항의 접촉 신

고를 한 것으로 본다.

③ 통일부 장관은 제1항 본문에 따라 접촉에 관한 신고를 받은 때에는 남북교류·협력을 해칠 명백한 우려가 있거나 국가안전 보장, 질서 유지 또는 공공복리를 해칠 명백한 우려가 있는 경우에만 신고의 수리(受理)를 거부할 수 있다.

④ 제1항 본문에 따른 접촉 신고를 받은 통일부 장관은 남북교류·협력의 원활한 추진을 위하여 대통령령으로 정하는 바에 따라 북한주민접촉결과보고서 제출 등 조건을 붙이거나, 3년 이내의 유효 기간을 정하여 수리할 수 있다. 다만, 대통령령으로 정하는 가족인 북한 주민과의 접촉을 목적으로 하는 경우에는 5년 이내의 유효 기간을 정할 수 있다.

⑤ 통일부 장관은 필요하다고 인정할 경우 제4항에 따른 유효 기간을 3년의 범위에서 연장할 수 있다.

⑥ 제1항에 따른 신고의 절차 등에 관하여 필요한 사항은 대통령령으로 정한다.

[전문 개정 2009.1.30]

제10조(외국 거주 동포의 출입 보장) 외국 국적을 보유하지 아니하고 대한민국의 여권(旅券)을 소지하지 아니한 외국 거주 동포가 남한을 왕래하려면 「여권법」 제14조 제1항에 따른 여행증명서를 소지하여야 한다.

[전문 개정 2009.1.30]

제11조(남북한 방문에 대한 심사) 북한을 직접 방문하는 남한 주민과 남한을 직접 방문하는 북한 주민은 출입 장소에서 대통령령으로 정하는 바에 따라 심사를 받아야 한다.

[전문 개정 2009.1.30]

제12조(남북한 거래의 원칙) 남한과 북한 간의 거래는 국가 간의 거래가 아닌 민족 내부의 거래로 본다.

[전문 개정 2009.1.30]

제13조(반출·반입의 승인) ① 물품 등을 반출하거나 반입하려는 자는 대통령령으로 정하는 바에 따라 그 물품 등의 품목, 거래 형태 및 대금 결제 방법 등에

관하여 통일부 장관의 승인을 받아야 한다. 승인을 받은 사항 중 대통령령으로 정하는 주요 내용을 변경할 때에도 또한 같다.

② 통일부 장관은 제1항의 승인 또는 변경 승인을 할 때에는 중요하다고 인정되는 사항은 미리 관계 행정기관의 장과 협의하여야 한다.

③ 통일부 장관은 제1항에 따라 반출이나 반입을 승인하는 경우 남북교류·협력의 원활한 추진을 위하여 대통령령으로 정하는 바에 따라 반출·반입의 목적 등 조건을 붙이거나, 승인의 유효 기간을 정할 수 있다.

④ 통일부 장관은 제1항에 따라 반출이나 반입을 승인할 때에는 물품 등의 품목, 거래 형태 및 대금 결제 방법 등에 관하여 일정한 범위를 정하여 포괄적으로 승인할 수 있다.

⑤ 통일부 장관은 제1항에 따라 물품 등의 반출이나 반입을 승인받은 자(이하 "교역 당사자"라 한다)가 다음 각 호의 어느 하나에 해당하는 경우에는 그 승인을 취소할 수 있다. 다만, 제1호의 경우에는 그 승인을 취소하여야 한다.

1. 거짓이나 그 밖의 부정한 방법으로 반출이나 반입을 승인받은 경우
2. 제3항에 따른 조건을 위반한 경우
3. 제14조에 따라 공고된 사항을 위반한 경우
4. 제15조 제1항에 따른 조정명령을 따르지 아니한 경우
5. 제15조 제3항에 따른 보고를 하지 아니하거나 거짓으로 보고한 경우
6. 남북 교류·협력을 해칠 명백한 우려가 있는 경우
7. 국가안전 보장, 질서 유지 또는 공공복리를 해칠 명백한 우려가 있는 경우

[전문 개정 2009.1.30]

제14조(반출·반입 승인 대상 물품 등의 공고) 통일부 장관은 물품 등의 반출이나 반입에 관하여 협의회의 의결을 거쳐 다음 각 호의 사항을 미리 공고하여야 한다. 공고한 사항을 변경할 때에도 또한 같다.

1. 반출이나 반입에 관한 승인이 필요한 물품 등 또는 금지 물품 등의 구분
2. 반출이나 반입에 관한 승인이 필요한 물품 등에 관한 제한 내용 및 승인 절차

[전문 개정 2009.1.30]

제15조(교역에 관한 조정명령 등) ① 통일부 장관은 다음 각 호의 어느 하나에 해당하는 경우에는 교역 당사자에게 반출하거나 반입하는 물품 등의 가격 · 수량 · 품질, 그 밖의 거래 조건 등에 관하여 필요한 조정(調整)을 명할 수 있다. 다만, 중요하다고 인정되는 사항은 미리 관계 행정기관의 장과 협의하여야 한다.

1. 조약이나 일반적으로 승인된 국제법규 또는 「남북 관계 발전에 관한 법률」에 따라 체결 · 발효된 남북합의서의 이행을 위하여 필요한 경우
2. 국제 평화 및 안전 유지를 위한 국제적 합의에 이바지할 필요가 있는 경우
3. 이 법 또는 관련 법령을 위반한 경우
4. 반출 또는 반입 시 공정한 경쟁을 해칠 우려가 있는 경우
5. 신용을 손상하는 행위를 방지하기 위하여 필요한 경우

② 통일부 장관은 제1항에 따라 조정을 명하는 경우에는 그 목적 달성에 필요한 정도를 넘지 아니하도록 하여야 한다.

③ 통일부 장관은 교역 당사자에게 물품 등의 반출 · 반입 실적 등 대통령령으로 정하는 교역에 관한 사항을 보고하게 할 수 있다.

④ 제1항에 따른 조정명령의 절차와 제3항에 따른 보고의 절차 등에 관하여 필요한 사항은 대통령령으로 정한다.

[전문 개정 2009.1.30]

제16조 삭제〈2009.1.30〉

제17조(협력사업의 승인 등) ① 협력사업을 하려는 자는 협력사업마다 다음 각 호의 요건을 모두 갖추어 통일부 장관의 승인을 받아야 한다. 승인을 받은 협력사업의 내용을 변경할 때에도 또한 같다.

1. 협력사업의 내용이 실현 가능하고 구체적일 것
2. 협력사업으로 인하여 남한과 북한 간에 분쟁을 일으킬 사유가 없을 것
3. 이미 시행되고 있는 협력사업과 심각한 경쟁을 하게 될 가능성이 없을 것
4. 협력사업을 하려는 분야의 사업 실적이 있거나 협력사업을 추진할 만한 자본 · 기술 · 경험 등을 갖추고 있을 것

5. 국가안전 보장, 질서 유지 또는 공공복리를 해칠 명백한 우려가 없을 것

② 통일부 장관은 제1항의 협력사업의 승인을 하려면 미리 관계 행정기관의 장과 협의하여야 하며, 변경 승인을 하려면 중요하다고 인정되는 경우에 한하여 미리 관계 행정기관의 장과 협의하여야 한다.

③ 통일부 장관은 제1항에 따라 협력사업의 승인을 하는 경우 남북교류·협력의 원활한 추진을 위하여 대통령령으로 정하는 바에 따라 사업 범위 등 조건을 붙이거나 승인의 유효 기간을 정할 수 있다.

④ 통일부 장관은 제1항에 따라 협력사업의 승인을 받은 자가 다음 각 호의 어느 하나에 해당하면 관계 행정기관의 장과 협의하여 6개월 이내의 기간을 정하여 협력사업의 정지를 명하거나 그 승인을 취소할 수 있다. 다만, 제1호 및 제5호의 경우에는 그 승인을 취소하여야 한다.

1. 거짓이나 그 밖의 부정한 방법으로 협력사업의 승인을 받은 경우
2. 제1항 각 호의 요건을 갖추지 못하게 된 경우
3. 제1항 각 호 외의 부분 후단에 따른 변경 승인을 받지 아니하고 협력사업의 내용을 변경한 경우
4. 제3항에 따른 조건을 위반한 경우
5. 협력사업 정지 기간 중에 협력사업을 한 경우
6. 제18조 제1항에 따른 조정명령을 따르지 아니한 경우
7. 제18조 제3항에 따른 보고를 하지 아니하거나 거짓으로 보고한 경우
8. 제25조의 4 제1항에 따른 조사를 정당한 사유 없이 거부·기피하거나 방해한 경우
9. 협력사업의 승인을 받고 최근 3년간 계속하여 협력사업의 실적이 없는 경우
10. 협력사업의 시행 중 남북교류·협력을 해칠 명백한 우려가 있는 행위를 한 경우
11. 국가안전 보장, 질서 유지 또는 공공복리를 해칠 명백한 우려가 있는 경우

⑤ 통일부 장관은 제4항에 따라 협력사업의 정지를 명하거나 승인을 취소하려면 청문을 실시하여야 한다.

⑥ 제1항부터 제4항까지의 규정에 따른 승인, 협력사업 정지, 승인 취소의 절차 등에 관하여 필요한 사항은 대통령령으로 정한다.

[전문 개정 2009.1.30]

제17조의2(협력사업의 신고) ① 소액 투자 등 대통령령으로 정하는 협력사업을 하려는 자는 제17조 제1항에도 불구하고 같은 항 제2호와 제5호의 요건을 갖추어 대통령령으로 정하는 바에 따라 통일부 장관에게 신고하고 협력사업을 할 수 있다. 신고한 협력사업의 내용을 변경할 때에도 또한 같다.

② 제1항에 따른 신고를 받은 통일부 장관은 남북교류·협력의 원활한 추진을 위하여 대통령령으로 정하는 바에 따라 사업 범위 등 조건을 붙이거나 유효 기간을 정하여 수리할 수 있다.

[본조 신설 2009.1.30]

제18조(협력사업에 관한 조정명령 등) ① 통일부 장관은 다음 각 호의 어느 하나에 해당하는 경우에는 협력사업을 하는 자에게 협력사업의 내용·조건 또는 승인의 유효 기간 등에 관하여 필요한 조정을 명할 수 있다. 다만, 중요하다고 인정되는 사항은 미리 관계 행정기관의 장과 협의하여야 한다.

1. 조약이나 일반적으로 승인된 국제법규 또는 「남북 관계 발전에 관한 법률」에 따라 체결·발효된 남북합의서의 이행을 위하여 필요한 경우
2. 국제 평화 및 안전 유지를 위한 국제적 합의에 이바지할 필요가 있는 경우
3. 이 법 또는 관련 법령을 위반한 경우
4. 협력사업의 공정한 경쟁을 해칠 우려가 있는 경우
5. 신용을 손상하는 행위를 방지하기 위하여 필요한 경우

② 통일부 장관은 제1항에 따라 조정을 명하는 경우에는 그 목적 달성에 필요한 정도를 넘지 아니하도록 하여야 한다.

③ 통일부 장관은 협력사업을 하는 자에게 북한 측 상대자와의 사업 약정 또는 계약의 체결 등 대통령령으로 정하는 협력사업의 시행 내용을 보고하게 할 수 있다.

④ 제1항에 따른 조정명령의 절차와 제3항에 따른 보고의 절차 등에 관하여

필요한 사항은 대통령령으로 정한다.

[전문 개정 2009.1.30]

제19조(결제 업무의 취급기관) ① 통일부 장관은 남북교류·협력에 필요하다고 인정할 때에는 기획재정부 장관과 협의하여 결제 업무를 취급할 기관을 지정할 수 있다.

② 제1항에 따른 결제 업무 취급기관이 하는 결제의 범위·방법 및 절차 등에 관하여 필요한 사항은 대통령령으로 정한다.

[전문 개정 2009.1.30]

제20조(수송장비의 운행) ① 남한과 북한 간에 선박·항공기·철도 차량 또는 자동차 등(이하 "수송장비"라 한다)을 운행하려는 자는 통일부 장관의 승인을 받아야 한다.

② 통일부 장관은 제1항에 따라 수송장비의 운행을 승인하는 경우 남북교류·협력의 원활한 추진을 위하여 대통령령으로 정하는 바에 따라 운행 노선 등 조건을 붙이거나, 5년 이내의 유효 기간을 정할 수 있다.

③ 통일부 장관은 제1항에 따라 운행 승인을 받은 자가 다음 각 호의 어느 하나에 해당하면 그 승인을 취소할 수 있다. 다만, 제1호의 경우에는 그 승인을 취소하여야 한다.

1. 거짓이나 그 밖의 부정한 방법으로 운행 승인을 받은 경우
2. 제2항에 따른 조건을 위반한 경우
3. 남북 교류·협력을 해칠 명백한 우려가 있는 경우
4. 국가안전 보장, 질서 유지 또는 공공복리를 해칠 명백한 우려가 있는 경우

④ 제1항에 따른 승인의 기준 및 절차와 제2항에 따른 유효 기간의 설정 등에 관하여 필요한 사항은 대통령령으로 정한다.

[전문 개정 2009.1.30]

제21조(수송장비 등의 출입 관리) 수송장비와 그 승무원이 출입 장소에 드나들 때에는 「출입국관리법」 제69조부터 제73조까지, 제73조의2 및 제74조부터 제76조까지의 규정을 준용한다.〈개정 2010.5.14〉

[전문 개정 2009.1.30]

제22조(통신 역무의 제공) ① 남북교류·협력을 촉진하기 위하여 우편 및 전기통신 역무를 제공할 수 있다.

② 남한과 북한 간에 제공되는 우편 및 전기통신 역무의 제공자, 종류, 요금, 취급 절차 등에 관하여 필요한 사항은 대통령령으로 정한다.

[전문 개정 2009.1.30]

제23조(검역 등) ① 북한에서 오는 수송장비와 화물 및 사람은 검역조사(檢疫調査)를 받아야 한다.〈개정 2009.5.28〉

② 제1항에 따른 검역조사에는 「검역법」 제9조부터 제28조까지, 제34조, 제35조 및 제39조부터 제41조까지의 규정을 준용한다. 다만, 통일부 장관이 필요하다고 인정하는 경우에는 관계 행정기관의 장과 협의하여 검역조사 또는 그 절차의 일부를 생략할 수 있다.〈개정 2009.5.28, 2009.12.29〉

③ 삭제 〈2009.5.28〉

[전문 개정 2009.1.30]

제24조(남북교류·협력의 지원) 정부는 남북교류·협력을 증진시키기 위하여 필요하다고 인정하면 이 법에 따라 행하는 남북교류·협력을 위한 사업을 시행하는 자에게 보조금을 지급하거나 그 밖에 필요한 지원을 할 수 있다.

[전문 개정 2009.1.30]

제25조(협조 요청) ① 통일부 장관은 남북교류·협력을 증진시키고 관련 정책을 수립하기 위하여 필요하다고 인정하면 관계 행정기관의 장에게 남북한 간에 이동하는 인원, 물품 등 및 수송장비에 대한 통계자료 등 정보의 제공을 요청할 수 있다. 이 경우 관계 행정기관의 장은 이에 협조하여야 한다.

② 통일부 장관은 남북교류·협력을 증진시키고 관련 정책을 수립하기 위하여 필요하다고 인정하면 관계 전문가와 남북교류·협력의 경험이 있는 자에게 의견의 진술 등 필요한 협조를 요청할 수 있다.

[전문 개정 2009.1.30]

제25조의2(업무의 위탁) ① 통일부 장관은 대통령령으로 정하는 바에 따라 다음

각 호의 업무 중 일부를 제24조에 따른 지원을 받은 자 또는 관련 법인·단체에 위탁할 수 있다.

1. 정부와 북한 당국 간에 합의한 사업의 추진
2. 남북교류·협력의 촉진을 위하여 필요한 업무
3. 그 밖에 이 법에 따른 통일부 장관의 업무

② 통일부 장관은 제1항에 따라 업무를 위탁받은 관련 법인·단체가 해당 업무를 원활하게 수행할 수 있도록 필요한 지원을 할 수 있다.

[본조 신설 2009.1.30]

제25조의3(남북교류 · 협력의 전자적 처리 기반 구축) ① 통일부 장관은 남북교류·협력을 증진시키고 관련 정책을 수립하기 위하여 남한과 북한을 이동하는 인원, 물품 등, 수송장비 등의 통계 유지와 정보의 수집·분석을 위한 전자적 관리 체제를 개발·운영하여야 한다.

② 제1항에 따른 전자적 관리 체제의 운영 등에 필요한 사항은 대통령령으로 정한다.

[본조 신설 2009.1.30]

제25조의4(지도 · 감독 등) ① 통일부 장관은 남북교류·협력의 원활한 추진을 위하여 협력사업을 하는 자, 이 법에 따른 보조금을 받거나 그 밖에 필요한 지원을 받은 자에 대하여 지도·감독을 하며, 필요한 경우 사업 운영 상황에 대하여 조사를 할 수 있다.

② 통일부 장관은 제1항의 조사를 위하여 관계 행정기관의 장에게 인원 지원이나 그 밖의 필요한 협조를 요청할 수 있다.

③ 통일부 장관은 제1항에 따른 조사 결과 위법 또는 부당한 사실을 발견한 경우에는 그 시정을 명하거나 그 밖에 필요한 조치를 할 수 있다.

④ 제1항에 따른 조사의 대상, 방법 및 절차 등은 대통령령으로 정한다.〈개정 2009.5.28〉

[본조 신설 2009.1.30]

제26조(다른 법률의 준용) ① 교역에 관하여 이 법에 특별히 규정되지 아니한 사

항에 대하여는 대통령령으로 정하는 바에 따라 「대외무역법」 등 무역에 관한 법률을 준용한다.

② 물품 등의 반출이나 반입과 관련된 조세에 대하여는 대통령령으로 정하는 바에 따라 조세의 부과·징수·감면 및 환급 등에 관한 법률을 준용한다. 다만, 원산지가 북한인 물품 등을 반입할 때에는 「관세법」에 따른 과세 규정과 다른 법률에 따른 수입부과금(輸入賦課金)에 관한 규정은 준용하지 아니한다.

③ 남한과 북한 간의 투자, 물품 등의 반출이나 반입, 그 밖에 경제에 관한 협력사업과 이에 따르는 거래에 대하여는 대통령령으로 정하는 바에 따라 다음 각 호의 법률을 준용한다. 〈개정 2010.4.5〉

1. 「외국환거래법」
2. 「외국인투자 촉진법」
3. 「한국수출입은행법」
4. 「무역보험법」
5. 「대외경제협력기금법」
6. 「법인세법」
7. 「소득세법」
8. 「조세특례제한법」
9. 「수출용 원재료에 대한 관세 등 환급에 관한 특례법」
10. 그 밖에 대통령령으로 정하는 법률

④ 제1항부터 제3항까지의 규정에도 불구하고 관계 행정기관의 장은 협의회의 의결을 거쳐 그 특례를 정할 수 있다.

[전문 개정 2009.1.30]

제26조의2(벌칙 적용 시의 공무원 의제) 협의회의 위원 중 공무원이 아닌 위원과 제25조의 2 제1항에 따라 위탁한 업무에 종사하는 법인이나 단체의 임직원은 그 직무와 관련하여 「형법」과 그 밖의 법률에 따른 벌칙을 적용할 때에는 공무원으로 본다.

[전문 개정 2009.1.30]

제27조(벌칙) ① 다음 각 호의 어느 하나에 해당하는 자는 3년 이하의 징역 또는 1천만 원 이하의 벌금에 처한다.

1. 제9조 제1항 및 제6항 단서에 따른 승인을 받지 아니하고 북한을 방문한 자
2. 거짓이나 그 밖의 부정한 방법으로 제9조 제1항 및 제6항 단서에 따른 승인을 받은 자
3. 제13조 제1항에 따른 승인을 받지 아니하고 물품 등을 반출하거나 반입한 자
4. 제17조 제1항에 따른 승인을 받지 아니하고 협력사업을 시행한 자
5. 제20조 제1항에 따른 승인을 받지 아니하고 남한과 북한 간에 수송장비를 운행한 자
6. 거짓이나 그 밖의 부정한 방법으로 제13조 제1항, 제17조 제1항 또는 제20조제1항에 따른 승인을 받은 자

② 다음 각 호의 어느 하나에 해당하는 자는 1년 이하의 징역 또는 500만 원 이하의 벌금에 처한다.

1. 제15조 제1항에 따른 조정명령을 따르지 아니한 자
2. 제17조의 2 제1항에 따른 신고를 하지 아니하고 협력사업을 시행한 자
3. 거짓이나 그 밖의 부정한 방법으로 제17조의 2 제1항에 따른 신고를 한 자
4. 제18조 제1항에 따른 조정명령을 따르지 아니한 자

③ 제1항 각 호의 미수범은 처벌한다.

[전문 개정 2009.1.30]

제28조(양벌 규정) 법인의 대표자나 법인 또는 개인의 대리인, 사용인, 그 밖의 종업원이 그 법인 또는 개인의 업무에 관하여 제27조의 위반행위를 하면 그 행위자를 벌하는 외에 그 법인 또는 개인에게도 해당 조문의 벌금형을 과(科)한다. 다만, 법인 또는 개인이 그 위반행위를 방지하기 위하여 해당 업무에 관하여 상당한 주의와 감독을 게을리하지 아니한 경우에는 그러하지 아니하다.

[전문 개정 2008.12.26]

제28조의2(과태료) ① 다음 각 호의 어느 하나에 해당하는 자에게는 300만 원 이하의 과태료를 부과한다.

1. 제9조 제8항에 따른 신고를 하지 아니하고 북한을 왕래하거나 거짓이나 그 밖의 부정한 방법으로 신고를 한 자

2. 제9조의 2 제1항에 따른 신고를 하지 아니하고 회합 · 통신, 그 밖의 방법으로 북한의 주민과 접촉하거나 거짓이나 그 밖의 부정한 방법으로 신고를 한 자

3. 제9조의 2 제4항 또는 제17조의2 제2항에 따른 조건을 위반한 자

4. 제15조 제3항에 따른 보고를 하지 아니하거나 거짓으로 보고한 자

5. 제18조 제3항에 따른 보고를 하지 아니하거나 거짓으로 보고한 자

6. 제25조의 4 제1항에 따른 조사를 정당한 사유 없이 거부 · 기피 · 방해하거나 같은 조 제3항에 따른 시정명령을 따르지 아니한 자

② 제1항에 따른 과태료는 대통령령으로 정하는 바에 따라 통일부 장관이 부과 · 징수한다.

[전문 개정 2009.1.30]

제29조(형의 감경 등) 제27조 제1항 또는 제27조 제2항 제2호 및 제3호의 죄를 범한 자가 자수하면 그 형을 감경(減輕)하거나 면제할 수 있다.

[전문 개정 2009.1.30]

제30조(북한 주민 의제) 이 법(제9조 제1항과 제11조는 제외한다)을 적용할 때 북한의 노선에 따라 활동하는 국외단체의 구성원은 북한의 주민으로 본다.

[전문 개정 2009.1.30]

부칙〈제10282호, 2010.5.14〉 (출입국관리법)

제1조(시행일) 이 법은 공포 후 6개월이 경과한 날부터 시행한다. 〈단서 생략〉

제2조 생략

제3조(다른 법률의 개정) ① 남북교류협력에 관한 법률 일부를 다음과 같이 개정한다. 제21조 중 "「출입국관리법」 제69조부터 제76조까지"를 "「출입국관리법」 제69조부터 제73조까지, 제73조의2 및 제74조부터 제76조까지"로 한다.

② 생략

Summary of the Book

Pyongyang's Gangnam district differed strikingly from Seoul's Gangnam district. Whereas Gangnam in North Korea was empty, Gangnam in South Korea was full of buildings. Despite the similarity of their name and natural environment, the two Gangnams were quite different in appearance: while the one in the North was predominantly farmland, the other in the South was densely packed with luxury buildings. The place in North Korea that looked most similar to Seoul's brilliant Gangnam was not Pyongyang's powerless Gangnam but the powerful Mansudae district located in the north of Pyongyang.

Power in North Korea is reportedly concentrated in Pyongyang. However, to be more specific, it is appropriate to say that power in the North is mostly found in the areas surrounding the Mansudae district, which is located within the inner wall of the Pyongyang Castle. Only a few among the privileged class in Pyongyang can live in high-rise apartments in the Mansudae district and there are many magnificent buildings like the Mansudae Assembly Hall in areas near Mansudae Street, which is unusual in North Korea. Therefore, I have thought long and hard about this situation. Approximately 70 years after the division of the Korean Peninsula, Gangnam in Pyongyang and Gangnam in Seoul differ drastically. What has caused the differences between the two places?

Elderly people can vividly remember Gangnam of Seoul in the 1970s. Back then, there was no place named Gangnam in Seoul, the place was only referred to as "the area located east of Yeongdeungpo district", and a countless number of big dump trucks used to move to fill sand pits, rice paddies, and dry fields there. However, only ten years later, wide grid roads, the Seoul Olympic Stadium (venue of the 1988 Summer Olympics), large buildings, and apartment complexes began to be built in Gangnam in Seoul. Another ten years later, the price of Gangnam apartments went up tens of millions of won in a few days but halved in a moment during the 1997 Asian financial crisis. Having undergone the severe crisis, Gangnam transformed from an abandoned land into the place, that attracts more money than any other part of the country in only three decades. In the 2010s, Gangnam streets are lined with many cosmetic surgery clinics. Gangnam has become a production base of Hallyu or the Korean Wave. In short, Gangnam in Seoul has experienced dramatic changes. In contrast, Gangnam in Pyongyang, which still remains a quiet farm village, has rarely changed over the last few decades.

The king of the Joseon Dynasty, who once lived in Gyeongbokgung Palace, which is located inside Hanyang Castle (the Fortress Wall of Seoul), about a hundred years ago, no longer exists in the Republic of Korea. Gyeongbokgung Palace is only a historic site, where the kings of the Joseon Dynasty once resided. It is a place of the past. Everything has changed. Of course, power in South Korea is said to be concentrated in Cheongwadae, the presidential residence located under Mt. Inwang close to Gyeongbokgung Palace, but the occupant of the residence changes every five years. Bukchon or North Village, where the tile-roofed houses of influential and powerful families of the Joseon Dynasty stood in rows in the past, has now become a Hanok Village(village of traditional houses), which is a nice place to walk.

How about Pyongyang? Deep inside the Mansudae district within Pyongyang Castle, a new "king" has ascended the throne. Since liberation from Japanese rule, the Kim family has been in power for three generations in the Democratic People's Republic of Korea (DPRK), and its grip on power, which is concentrated in the Mansudae district, has still remained indisputably strong. In this context, a comparison can be made between the Mansudae of Pyonyang and Gangnam of Seoul. Mansudae can be seen as an icon of state power or the public sector. Whereas Gyeongbokgung Palace in Seoul has become a historic site as the king has disappeared, the "king" is still alive in Mansudae in Pyongyang, and the "king" exclusively possesses more power than any kings of the Joseon Dynasty did. As such, Mansudae represents the strong power of the state or the government.

Then, what does Gangnam in Seoul symbolizes? Unlike Mansudae, Gangnam of Seoul represents the market sector as opposed to the state or the government. Historically, with limited market activities during the Joseon Dynasty, Gangnam in Seoul was an abandoned area whose geography changed frequently after floods, and to get to the place, a traveler had to surmount Namsan(South Mountain) and then cross the Han River. During the Joseon Dynasty, Gangnam, which is home to a well-functioning market now, was only an abandoned land. However, citizens in the Republic of Korea, established after World War II in the southern part of the Korean Peninsula, learned intense competition in a market economy with strong determination under the worst economic circumstances after the Korean War. As a result, the deserted Gangnam area received attention from the market perspective and the area has undergone tremendous changes in only three decades.

Indeed, the power of the state or the government is exercised both in Seoul and in Pyongyang. State power in the two Koreas has similar merits and demerits. It is true that in terms of state power, North Korea's Mansudae is more efficient than South Korea's. However, well-functioning markets rarely exist in North Korea. Markets in Pyongyang are too frail and lethargic. In other words, there is only Mansudae (state power) but no Gangnam (market) in Pyongyang. Of course, the icon of the market called Gangnam is not a panacea, but the situation in North Korea is too appalling. Without a well-functioning market economy, North Korea is not much different from the Joseon society of the feudal era. This is not progress but regression, and it is not a solution to a problem but a cause of it. As history evolved, the feudal kingdom called Joseon collapsed.

In the 20th century, the Republic of Korea experienced a phase where the role of a free market, corporations, and individuals was emphasized. In the 21st century, it is now time for the country to think carefully about how to take another leap forward. That is, it is imperative that South Korea present a direction to overcome the problems of the market (Gangnam) and the government (Mansudae) and move toward new innovation. Although South Korea has gained much from the market economy, I have no choice but to confess that the market has faced its limits. Despite the fact that the nation's GDP per capita is expected to reach the USD 30,000 mark sooner or later, most elderly people are poor, the dream has vanished from the minds of the younger generation, and the country has deteriorated into a gloomy society due to its higher suicide and divorce rates than most OECD countries. At this rate, there is a fear that children might disappear, that the population will shrink, and that the nation might vanish in the end. With Gangnam facing its limits and its market vitality weakening, there is a sense of urgency in South Korea that society must find a new breakthrough.

Although there are comparative differences, the situation in North Korea must be much more desperate. North Korea may have achieved a lot from the 1950s to the 1980s thanks to the role played by state power, but now it has nothing to gain from things other than nuclear weapons and missiles. Since the Soviet Empire was dismantled and the trend of de-ideologization spread all over the world, North Korea has fiercely struggled to survive in isolation and now is in an extremely dire situation. Under these circumstances, the geopolitical situation in the surrounding countries has changed rapidly. While the two Koreas have pointed guns at each other for about 70 years since the division, Northeast Asia in the 21st century has become the global manufacturing base, has had an influx of money from all corners of the world, and has become home to the fiercest competition in the world.

The neighboring countries of China and Japan are competing intensely with each other and across the Pacific Ocean the US is weighing in on the situation. Being sandwiched between China and Japan, the Koreans must change but have not taken the right direction yet, which is regrettable. Perhaps the governments, markets and people of North and South Korea are smart enough to realize the seriousness of the situation and are thinking hard about it. Thus, I would like to make a suggestion: leave no stone unturned to find new possibilities in North and South Korea. That is, the two Koreas have to pay attention to the possibility of markets (Gangnam) in Pyongyang which have remained untapped up until now. Just as the once deserted Gangnam area in Seoul has transformed dramatically in thirty years, Gangnam (market economy) of Pyongyang must be developed in stages.

The division of the Korean Peninsula left fatal scars on the Korean people and was a tragedy for them. However, now is the time to put the scars, inflicted due to ideological conflicts, behind them and renew their minds. The Korean people, who survived thanks to help from countries around the world, must be the ones to present new hope for the entire world. Now, they need to dispel the fear fueled by extreme ideological conflicts between liberalism and socialism. A lesson can be learned from the case of when Britain, then a small and weak country, which had trembled before the invasion by the "Invincible" Spanish Armada, chose to drum up its courage and faced audaciously toward the future in the 16th century. As a result, it was able to start the Industrial Revolution in the 17th century.

Now, South and North Korea must shed their distrust and fear of each other and choose to have the audacious courage to fuse liberalism in the South and socialism in the North. Both Koreas also have to set their eyes to the level of Americas', become good friends with their Asian neighbors, and deliver new hope to all the young people in Eurasia and Africa. The two Koreas must present a new paradigm that provides new opportunities for prosperity to young people in poverty-stricken and war-torn regions of the world. I suggest that our readers join the exciting journey to open the door to a new world in the 21st century on the Korean Peninsula and move beyond the ideological contradictions of the 20th century.

저자 소개

김정훈(Jung H. Kim)

사단법인 한국행정학회, 한국정책학회 이사
미국 국무성 초청 Fulbright Scholar at Harvard Law School
미국 MIT 국제인권연구소 연구위원(비상근)
청와대 정책위원(비상근)
국민고충처리위원회 전문위원(비상근)
현) 서경대학교 공공인적자원학부 교수
서울특별시 정책자문위원
사단법인 자원순환사회연대 이사

시민의 정부혁신론(1997)
변화의 시대, 경제주체의 선택(공저, 1998)
정부조직의 혁신(공저, 1998)
서울시정의 바른 길(공저, 2002)
자원순환사회와 NGO(2006)
한국정부와 민주행정(공저, 2006)
북한의 정부혁신론(2012)
평양과 프라하(2013)

e-mail: cycle21@skuniv.ac.kr

평양과 강남
Pyongyang and Gangnam

펴낸날 / 제1판 제1쇄 2015년 1월 5일
지은이 / 김정훈
펴낸이 / 임춘환
펴낸곳 / 도서출판 대영문화사
주소 / 서울특별시 용산구 청파로 61길 5(청파동 1가) 제일빌딩 2층
등록 / 1975년 12월 26일 제3-16호
전화 / (02)716-3883, (02)714-3062
FAX / (02)703-3839
홈페이지 / http://www.dymbook.co.kr

ISBN 978-89-7644-503-2

〔값 11,000원〕